江西省文化艺术科学规划重点项目"公共文化服务高质量发展的政策研究"（YG202002I）、南昌市营商环境研究中心支持项目

黄蕾 刘云清 于锦荣 ◎ 著

公共数字文化服务路径与政策实践

基于精神生活共同富裕导向

RESEARCH ON THE PATH AND POLICY PRACTICE OF PUBLIC DIGITAL CULTURAL SERVICES —— BASED ON COMMON PROSPERITY OF SPIRITUAL LIFE

经济管理出版社
ECONOMY & MANAGEMENT PUBLISHING HOUSE

图书在版编目（CIP）数据

公共数字文化服务路径与政策实践：基于精神生活共同富裕导向/黄蕾，刘云清，于锦荣著 . —北京：经济管理出版社，2024.3

ISBN 978-7-5096-9638-5

Ⅰ.①公…　Ⅱ.①黄…②刘…③于…　Ⅲ.①公共管理—文化工作—研究—中国　Ⅳ.①G123

中国国家版本馆 CIP 数据核字（2024）第 057187 号

组稿编辑：杜　菲
责任编辑：杜　菲
责任印制：许　艳
责任校对：蔡晓臻

出版发行：经济管理出版社
　　　　　（北京市海淀区北蜂窝 8 号中雅大厦 A 座 11 层　100038）
网　　址：www. E-mp. com. cn
电　　话：（010）51915602
印　　刷：北京晨旭印刷厂
经　　销：新华书店
开　　本：720mm×1000mm/16
印　　张：14. 25
字　　数：219 千字
版　　次：2024 年 5 月第 1 版　　2024 年 5 月第 1 次印刷
书　　号：ISBN 978-7-5096-9638-5
定　　价：88. 00 元

序　言

　　党的二十大报告强调"实施国家文化数字化战略，健全现代公共文化服务体系，创新实施文化惠民工程"，为新时代推进公共数字文化服务提供了根本遵循。同时把"实现全体人民共同富裕"作为中国式现代化的本质要求和重要特色，为推进公共文化与人民精神生活共同富裕提供了坚实的结合点。我国各级政府始终重视公共文化服务体系建设，通过多年持续投入，在基础设施、内容建设以及传播渠道方面都取得了不俗成效。进入新时代，面临新要求，尤其是在共同富裕的现代化进程中，如何从公共数字文化服务视角去探索其在人民精神生活共同富裕进程中的路径与政策，具有时代性、理论性与实践性。

　　习近平总书记指出："新形势下，要发掘和用好丰富文化资源，大力推进文化建设。""以高质量文化供给增强人们的文化获得感、幸福感。""要发展信息网络技术，消除不同收入人群、不同地区间的数字鸿沟，努力实现优质文化教育资源均等化。""共同富裕是全体人民共同富裕，是人民群众物质生活和精神生活都富裕。"习近平总书记关于文化建设与共同富裕的系列论述精准地指明了文化资源建设与公共文化服务数字化发展路径的关联，同时，理论与实践均表明新时代共同富裕理论是在中华优秀文化土壤中成长起来的科学理论，通过公共数字文化服务可以提升人民精神生活共同富裕的质和量。当下人民日益增长的美好生活需要和不平衡不充分的发展之间的矛盾化解是重中之重，改革开放40余年的发展在物质内容的满足上有了极大的改善，但在精神文化的供给方面还有差距，尤其是在脱贫攻坚取得全面胜利之际，精神生活共同富裕的任务更加紧迫且艰巨。通过智能技术赋能公共文化，改善优质文化和产品的排他性消费，提升优质文化资源的公共性，扩大优质文化、产品和服务的供给范围势在必行。

文化消费是人民追求精神生活的重要形式。广义的文化产品是人类创造并提供给社会的传播思想和生活方式的消费品，既有物化形态，也有精神体验。高质量的文化产品供给是人民群众获得感和幸福感提升的源泉，国家矢志不渝地通过文化基础设施、文化产品、文化活动和相关服务的提供来更好地满足人民群众的基本文化需求，积极发展公共文化服务推动精神生活共同富裕。在公共利益框架下习近平新时代中国特色社会主义思想与新公共服务理论具有追求公共利益的一致性，重视供给和效率、民主价值和公众利益。新公共服务理论是顺应现代社会管理和实践的理论选择，为公共文化服务基本性、公益性、均等性、便利性与多元性特征提供了理论支撑。而文化权利理论则是公共数字文化服务的动机来源，为公共数字文化服务多元协同实现文化融合、保护文化促进发展、开放文化促进参与、文化服务满足需求以及整合公共文化产品方面指明了实践方向，为公共数字文化服务提升精神生活共同富裕奠定了内容优势、条件基础以及服务可能。

精神生活共同富裕是个人追求、社会理想与国家梦想的协调统一。其在形式上表现为精神获得、精神体验与精神信仰的递进关系，是社会全体成员在精神层面都能够共享丰富多彩、高品质文化的生活形态。在公共管理层面借助基本文化需求的满足改善精神享受，在公共文化服务层面通过文化参与获得心灵满足和文化熏陶，进而在情感、责任、荣誉、认同、尊严、理想、道德等层面衍生出更高阶的精神要素。学理研究已经指出了精神生活共同富裕的精神满足与精神追求层次性，实质为文化消费的马斯洛需要层次，从文化获得、文化享受、文化参与、文化发展以及文化创造等层次递进上升，支撑了公共数字文化服务在供给端层次性展开以及文化权利保障，并从基础层、共享层到创造层依次延伸丰富公共文化服务内容，借助数字技术赋能公共文化服务体系，更好地联接公共文化与精神生活共同富裕。

　　为此，本书围绕公共数字文化服务与精神生活共同富裕的关系梳理，在习近平新时代中国特色社会主义思想理论指导下，借助新公共服务理论的层次性，充分挖掘新时代公共数字文化服务的内涵与意蕴。参照马斯洛需要层次理论解构精神生活共同富裕层次，以文化权利理论指导新时代公共数字文化服务指向的精神生活共同富裕概念模型构建，结合政策实践分析公共数字文化服务促进精神生活共同富裕的多重途径，为新时代加强公共数字文化服务建设推进精神生活共同富裕提供了政策路径借鉴。最后，通过区域案例剖析，为公共数字文化服务提升精神生活共同富裕提供区域层面的操作思路。

　　本书共 11 章。其中黄蕾负责统筹全书的章节设计以及序言和第一至第四章，第八至第十章的撰写工作；刘云清负责第五至第七章以及第十一章的撰写工作；郭思撰写了第十章第一节，并参与了全书数据收集与整理工作；卢雅楠参与了全书的校稿工作。感谢研究生钟质文、邹龙波、丁斗恒和徐盼等参与本书框架研讨。

　　本书的完成借鉴了大量学者的观点，在此一并表示感谢！

目　录

第一章

精神生活共同富裕的研究概述

随着经济的快速发展和人民生活水平的提高，人民对于幸福感、生活品质以及文化精神层面的需求也日益凸显。精神生活共同富裕不仅是国家治理现代化的重要方向，更是中国特色社会主义事业深入发展的必然要求。这一理念旨在通过满足人民多元化、个性化的精神需求，推动全社会的文化繁荣，构建富有活力和共融性的社会文明。深入探讨精神生活共同富裕的内涵、实现路径以及对社会各个层面的影响，能够为我国文化事业的蓬勃发展和人民幸福感的日渐提升提供理论支持和实践启示。

第一节　共同富裕的内涵解析

一、共同富裕的理论要义

党的十八大以来，中国特色社会主义进入新时代，我国社会主要矛盾已经转化为人民日益增长的美好生活需要和不平衡不充分的发展之间的矛盾，共同富裕是满足人民对美好生活需要的必然目标。《中共中央关于制定国民经济和社会发展第十四个五年规划和二○三五年远景目标的建议》

指出，共同富裕是社会主义的本质要求，是人民群众的共同期盼。我们推动经济社会发展，归根结底是要实现全体人民共同富裕。在新的历史条件下，习近平总书记重申共同富裕是社会主义的本质要求，是对共同富裕作为社会主义本质属性认识的坚持和深化。他反复强调让人民群众过上更加幸福的好日子是我党始终不渝的奋斗目标，实现共同富裕是中国共产党领导和我国社会主义制度的本质要求，为我国的经济社会发展提供了根本遵循。

共同富裕包含政治、经济、社会三个维度，是指在中国特色社会主义制度下，人民共创共享日益丰富的物质财富和精神成果，是新时代发展的美好愿景（夏杰长等，2021）。从人与物、人与人、人与自然三个方面来看，共同富裕是物质文明的更加丰富、精神文明的更大发展、生态文明的渐进发展（毕照卿，2022）。张占斌和毕照卿（2022）等在众多学者的研究基础上给出了系统视角的定义，认为共同富裕不仅是一个基础性的经济问题、全局性的社会问题，更是一个根本性的政治问题，是一个包含政治、经济、社会、文化、生态等诸多内容的全方位立体综合系统，这些内容相互支撑、相互影响、动态演进，进而决定每个阶段的发展水平、富裕程度和文明尺度。

综上所述，共同富裕是一个复合命题。共同富裕中的"共同"二字鲜明地指出了共同富裕的主体是全体人民，而不是少数人、一部分人甚至多数人，是惠及所有人的"全民共富"，是发展福利的全国整体增进，是发展成果的全民共享。"富裕"也不是单指物质生活富裕，而是精神生活富裕与物质生活富裕的共同组成，是新时代人民美好生活的基本要求。新时代共同富裕涵盖社会各个方面，富裕的重点已从物质生活拓展到人民对美好生活需要的方方面面，即政治、经济、社会等多维度，是人的全方位发展状态。

二、共同富裕内涵演绎的研究进程

党的历史就是带领人民群众追求共同富裕的历史。回溯中国共产党的百年发展历程，着眼于不同时期的共同富裕目标进行了深刻思考，对追求共同富裕开展了坚定不移的理论和实践探索，日益深化了对共同富裕的全面认识。

共同富裕在中国传统文化中具有丰富的文化基因，对共同富裕的追求是中华民族自古以来的一个基本理想。从"大同世界"的理想愿景到"不患寡而患不均"的治理观念再到"等贵贱、均贫富"的民间追求和底层幻想，无不体现着共同富裕思想在中国传统文化的思想渊源。上千年的中国传统文化中的富民、共享、公平，被广泛认同并随着时代的发展而被赋予新的内容。

中国共产党在建立之初就提出了一系列富有远见性的共同富裕理论。在对马克思主义的信仰中萌生了共同富裕的思想，并通过期刊、讲座等途径向国人、同胞乃至世界宣传消除贫富差距、追求人人幸福的社会主义思想。在新民主主义革命时期，中国共产党更是带领广大农民通过打土豪分田地等一系列革命实现了穷人翻身得解放与当家作主的初心使命，经历了伴随社会主义建设的共同富裕内涵"三次解释"模式。

第一次解释：共同富裕是追求社会主义制度下的"均富"。新中国成立后，毛泽东同志带领中国共产党对农业、手工业和资本主义工商业进行了社会主义三大改造，实现了生产资料私有制向社会主义公有制的转变。毛泽东在对社会主义制度的解释中折射了中国共产党对共同富裕的追求，他指出："现在我们实行这么一种制度，这么一种计划，是可以一年一年走向更富更强的，一年一年可以看到更富更强些。而这个富，是共同的富，这个强，是共同的强，大家都有份。"这被国内外学者称为毛泽东时代对于共同富裕的初次界定，"共同富裕"一词第一次被写进党的重要文献和重要报刊。

第二次解释：共同富裕是改革开放中的"先富带后富"。在改革开放探索过程中，基于物质供给的不充分以及市场经济尚未形成的背景，邓小平同志提出先富带动后富理论，强调"社会主义的本质，是解放生产力，发展生产力，消灭剥削，消除两极分化，最终达到共同富裕"。"先富带后富"的思想成为中国共产党"共同富裕"的第二阶段内涵，"让一部分人先富起来，先富带动后富"的思想在改革开放之初发挥了积极的带动作用。

第三次解释：全体人民物质生活与精神生活的共同富有。进入新时代，人民日益增长的美好生活需要和不平衡不充分的发展之间的矛盾成为社会主要矛盾，中国共产党将共同富裕作为化解该矛盾的重要抓手。党的十八大报告阐释了"两个一百年"奋斗目标，共同富裕作为第二个奋斗目标的关键词赫然在册。习近平总书记围绕"为什么要实现共同富裕、实现什么样的共同富裕、怎样实现共同富裕"这一伟大命题做出了一系列重要论述，他指出，共同富裕本身就是社会主义现代化的一个重要目标。我们要始终把满足人民对美好生活的新期待作为发展的出发点和落脚点，在实现现代化过程中不断地、逐步地解决好这个问题。新时代"共同富裕"成为中国共产党着力解决人民日益增长的美好生活需要和不平衡不充分的发展之间的社会主要矛盾的一个关键性选择。

当前，国内学者对共同富裕的研究主要围绕着科学内涵、特征、实现路径来展开，多视角、多学科、全方位地研究了我国共同富裕伟大事业，形成了丰富成果。更加公平是共同富裕全过程的时代特点（赖德胜和石丹淅，2021），共同富裕不仅是经济水平、居民收入、收入分配协调程度较高，而且是城乡基本公共服务均等化水平显著提升，居民具有良好的生活理念、生活习惯的明显改善（王芳和李毅，2021）。新时代共同富裕是理论与实践相统一的命题，拥有全面性、现实性、人民性、历史性和超越性等特点（付文军，2021）。中国特色社会主义步入新时代以来，以习近平同志为核心的党中央正确把握新的时代特点，聚焦社会实际问题，进一步丰富和发展了马克思主义共同富裕理论，推进了中国共产党共同富裕思想在新时代的拓展与深化（张旭，2022）。

祥明亮（2022）指出国外学者对于共同富裕的研究大多包含着公正赞赏的态度，但还有少部分学者仍带着不同眼光来看待。例如，美国教授威廉·柯比（William C. Kirby，2022）指出，如果中国能够实现共同富裕，则标志着社会主义承诺得以实现，但是如果这一目标的达成是以牺牲民营经济的发展为代价，那么这种胜利将是不可持续的。对于国外学者的观点，我们应当秉承正确的方法、态度及立场来看待，积极吸收和借鉴其正面评价，同时也要冷静分析、深入挖掘其"误解"的原因，更好地提高国际学者对我国共同富裕的认同度。

三、共同富裕的现实写照

2021 年，习近平总书记在中央财经委员会第十次会议上指出："共同富裕是全体人民的富裕，是人民群众物质生活和精神生活都富裕，不是少数人的富裕，也不是整齐划一的平均主义，要分阶段促进共同富裕。"可见，共同富裕包含物质和精神两个层面，是面向全体人民的差别有序的富裕。

在物质层面，中国共产党人在马克思主义的指导下，为了实现共同富裕目标继续奋斗，在攻坚克难中创造了一系列人间奇迹，实现了中国人民从站起来、富起来到强起来的历史性飞跃。1956 年完成三大改造，在建设中初步建立起比较完整的国民经济体系和工业体系，实现了多个工业上的"从无到有"，为改变贫穷落后的面貌夯实了物质基础，从而改变了"一穷二白"的局面。党的十八大以来，中国共产党更加全面深刻地认识了共同富裕问题，以强有力的措施推进广大人民朝着共同富裕的方向奋进。这才有了历经 8 年奋战，如期完成脱贫攻坚重大任务的世界性壮举。在中国共产党建党一百周年之际，习近平总书记向全世界宣告中国全面建成小康社会，历史性地解决了绝对贫困问题，标志着中国共产党领导广大人民在追求物质共同富裕的征程中取得了里程碑式的胜利，是人类文明进步史上的伟大创举。

物质生活的蓬勃发展并不代表精神生活也取得同步成效。精神生活具有相对独立性，并非与物质生活亦步亦趋。在精神层面，我国部分人民思想观念中存在着保守、愚昧、闭塞、迷信的成分，尤其是农村地区精神生活还表现出文化环境差、法治观念淡薄、文化参与度低、文化建设形式单一等问题，其至存在着文化资源供给不足、文化设施落后、文化服务效能低下等问题，致使城乡之间文化发展产生较大鸿沟。实现共同富裕的主要问题在于农村农民，而农村农民共同富裕短板的一个主要方面则是精神贫困。精神贫困问题依然是当前和今后长时间促进精神生活共同富裕的重要阻滞因素。可见，精神生活发展远远落后于物质生活的快速发展，精神生活共同富裕成为了实现共同富裕的暂时阻碍。

毕昌萍和陈莹莹（2023）认为，只有实现物质富裕和精神富裕两者的统一才能最终实现真正意义上的共同富裕。为了满足人们对美好生活的不断追求，促进人的全面发展，在物质生活不断发展的今天，促进人民精神生活共同富裕是现阶段共同富裕的关键。陈慰和巫志南（2022）指出，如果精神生活共同富裕明显滞后，则物质生活共同富裕的意义以及人民的主体感受必然大打折扣，单一的或无止境的物质欲望会驱动社会偏离正确方向；缺乏精神生活共同富裕的引领和支撑，所谓物质生活共同富裕也就成了一句空话，社会价值理想、文化认同缺失，人们即便能衣食无忧也未必知晓礼仪荣辱，随时可能被资本或金钱所裹挟。由此可见，高度重视精神生活共同富裕，加快精神生活与物质生活协调发展已经迫在眉睫。

在马克思主义的指导下，中国共产党通过不懈努力，在过去几十年中实现了从贫穷落后到经济强大的历史性飞跃，特别是在脱贫攻坚方面取得了显著成功。在这个背景下，共同富裕不仅包括物质层面的富裕，还涵盖精神层面的富裕，旨在让全体人民在物质和精神生活上都富裕。目前物质生活发展迅速，但在精神层面仍存在问题，包括思想观念的滞后、文化发展差距大，尤其在农村地区存在较大的文化鸿沟。只有当物质富裕和精神富裕相统一并协调发展时，才能真正实现共同富裕的目标。在当前物质生活不断发展的背景下，促进精神生活共同富裕更加具有紧迫性，加强对人们精神生活的关注和支持，成为实现共同富裕的关键所在。

四、共同富裕的政策实践历程

自中华人民共和国成立以来，中国共产党一直坚守其初心与使命，带领人民围绕共同富裕的发展目标不断探索并取得了丰硕的实践成果。共同富裕政策是一个国家或政府采取的一种经济和社会政策，旨在确保社会中的财富和资源分配更加均衡，以减少贫富差距，提高社会公平性，并促进全体公民的福祉。这个政策的目标是让更多的人分享社会的经济繁荣，而不仅仅是少数人或特定的社会群体富有。建党百年以来，中国共产党共同富裕政策的演变历程大致可分为初始萌芽时期、曲折探索时期、与时俱进时期和扎实推动时期四个阶段。

（一）第一阶段：初始萌芽时期（1921~1949年）

在中国共产党成立初期，面对积贫积弱的中国，中国共产党就把为工人和农民争取权益，过上好日子作为自己斗争的主要任务。虽然引入了马克思共产主义思想，但其中共同富裕思想尚处于萌芽阶段，在党的领导下还未形成共同富裕的论述，也未曾颁布相关政策文件。直至毛泽东同志在1927年初考察湖南农民运动后，深感国家矛盾之深重、农民生活之贫艰，力争要为广大农民谋求福祉和利益，提出了"打土豪、分田地"的斗争口号。土地是农民最重要的生产资料，使农民拥有土地是走向共同富裕的基本前提（蒋永穆和谢强，2021）。

1948年5月，毛泽东同志指出，在实行封建土地和封建财产分配时，分配的最后结果，必须使一切主要阶层都感觉公道和合乎情理，地主阶级分子亦感觉生活有出路，有保障（林淑周，2021）。这一时期，党的共同富裕政策以解决土地分配问题为主题，相继制定了《井冈山土地法》和《兴国土地法》，大大解放了苏区农村地区的生产力。抗日战争期间，为了缓解战争压力并改善边区物质生活条件，毛泽东同志适时提出了"自己动手，丰衣足食"的发展口号；考虑到对日斗争的实际需要，党在1942年制定了《中共中央关于抗日根据地土地政策的决定》，其中对"减租减息"作了明确规定。解放战争时期，中共中央为巩固革命成果而于1947年颁布《中国土地法大纲》，实行"耕者有其田"，从而彻底废除了封建性及半封建性剥削的土地制度。各解放区结合本地发展实际，制定了大纲补充条例，从而极大激发了各解放区农民的生产积极性和革命热情，为解放战争的胜利奠定了物质基础和群众基础。

（二）第二阶段：曲折探索时期（1949~1978 年）

新中国成立后，为了尽快恢复国民经济，中共中央在 1953 年颁布的《关于发展农业生产合作社的决议》中首次提到了"共同富裕"这一表述。在农村针对私人土地所有权形式的缺陷方面，毛泽东同志认为互助合作是让农民早日摆脱贫困，实现共同富裕的最好方式。1955 年毛泽东同志首次提出，"得领导农民走社会主义道路，使农民群众共同富裕起来"。这一时期，通过实施第一个"五年计划"，新中国工业化的基础得以初步奠定，这为推动共同富裕的实现进程提供了基本产业保障。对农业、手工业和资本主义工商业进行的"三大改造"，则确立了中国社会主义的基本制度，为实现共同富裕奠定了制度基础。这一阶段，党对共同富裕的认识还很不全面、很不深入，在政策制定上甚至出现了几次较为重大的失误。必须指出的是，这一时期虽然经历了严重挫折，但党在推进共同富裕进程中所取得的独创性理论成果和一系列成就，为改革开放新时期开创中国特色社会主义建设提供了物质基础、积累了宝贵经验。

（三）第三阶段：与时俱进时期（1978~2012 年）

党的十一届三中全会后，党和国家的工作重心逐步转移到经济建设上，并制定了"先富带后富"的发展战略。1984 年通过的《中共中央关于经济体制改革的决定》确立了中国的基本经济制度；陆续开放的一系列沿海城市和先后开办的若干经济特区，使部分群体和部分地区"先富"起来得以实现。这一时期，为了避免收入的两极分化，党围绕"公平与效率"的关系问题不断改进和完善共同富裕政策：党的十四届三中全会提出坚持"效率优先、兼顾公平"的原则；党的十六大指出"初次分配要注重效率，再分配要注重公平"；党的十七大又做了新的阐述——初次分配和再分配都要处理好公平和效率的关系，再分配要更加注重公平。同时，党还采取一系列重大政策举措以稳步推进共同富裕事业：西部大开发战略促进了区域协调发展；统筹城乡发展战略缓解了城乡"二元化"结构问题；逐步完善的社会保障体系也旨在调整收入分配差距并维护社会公平。

（四）第四阶段：扎实推动时期（2012 年至今）

党的十八大以来，中共中央秉持以人民为中心的发展思想，坚守"一个都不能少"的庄严承诺，并历史性地解决了绝对贫困问题，中国人民也迎来了从勉强温饱到全面小康的伟大飞跃。在"做大蛋糕"的同时还要"分好蛋糕"，是共同富裕的内在要求；"做大蛋糕"主要依靠发展，"分好蛋糕"主要依靠分配。经过改革开放几十年的积累，中国经济总量已经跃居世界第二位，这为共同富裕的实现奠定了坚实的经济基础（刘晋祎，2021）。在新的历史发展阶段，为了实现共同富裕，要求发展成果惠及更多人民，要求收入分配格局逐步从"金字塔型"向"橄榄型"转变。因此，这一时期的共同富裕政策更多以"共建共享"理念为指导，以调节收入分配差距为主线，以扩大政策实施的覆盖面为路径。这一阶段关于共同富裕的政策文件不断出台，政策指向愈发明确、具体。党的十八大以来关于共同富裕的若干重大政策文件如表 1-1 所示。

表 1-1 党的十八大以来关于共同富裕的重大政策文件

发布时间	政策名称	政策内容概要
2012 年 11 月	坚定不移沿着中国特色社会主义道路前进，为全面建成小康社会而奋斗（党的十八大报告）	必须坚持走共同富裕道路；共同富裕是中国特色社会主义的根本原则；着力解决收入分配差距较大问题；初次分配和再分配都要兼顾效率和公平，再分配更加注重公平
2013 年 11 月	中共中央关于全面深化改革若干重大问题的决定	改革收入分配制度，促进共同富裕；推进基本公共服务均等化
2015 年 11 月	中共中央、国务院关于打赢脱贫攻坚战的决定	实施精准扶贫、精准脱贫方略，打赢脱贫攻坚战
2017 年 10 月	决胜全面建成小康社会，夺取新时代中国特色社会主义伟大胜利（党的十九大报告）	中国社会主要矛盾已经转变为：人民日益增长的美好生活需要和不平衡不充分的发展之间的矛盾；2035 年全体人民共同富裕迈出坚实步伐；2050 年全体人民共同富裕目标基本实现
2020 年 10 月	中共中央关于制定国民经济和社会发展第十四个五年规划和二〇三五年远景目标的建议	首次将"全体人民共同富裕取得更为明显的实质性进展"纳入 2035 年远景目标

发布时间	政策名称	政策内容概要
2021年6月	中共中央、国务院关于支持浙江高质量发展建设共同富裕示范区的意见	提高发展质量效益，夯实共同富裕的物质基础；深化收入分配制度改革，多渠道增加城乡居民收入；缩小城乡区域发展差距，实现公共服务优质共享
2022年10月	高举中国特色社会主义伟大旗帜为全面建设社会主义现代化国家而团结奋斗（党的二十大报告）	实现全体人民共同富裕是中国式现代化的本质要求

第二节　精神生活共同富裕的理论要义

一、精神生活共同富裕的国内外研究

自古以来，精神生活作为人类社会的重要生活方式的一种，一直深受西方哲学家的关注与青睐。古希腊时期的先贤就围绕人类精神领域的幸福、快乐、信仰、灵魂等问题进行了细致的研究。一批批学者聚焦社会精神危机的问题，力图从科学主义或人本主义的视角找到通往人类健康精神生活的康庄大道。

近代以来，国外学者对精神生活的重要性和资本主义社会精神生活存在的问题进行了深刻的研究与分析。俄国思想家弗兰克认为人的真正的本体论就是精神，社会存在是精神生活的外在表现，他主张："社会生活是一种独特的存在，即精神存在"，强调了精神对人类社会发展的重要作用。国外学者对资本主义社会精神生活存在的问题主要围绕大众生活对个体精神生活的宰割、人类精神生活的虚无化困境以及工具理性的大肆扩张造成的精神的衰落来研究，以此揭露了精神生活压抑的原因。这些研究主要围绕个人精神生活展开，并没有形成对全体人民精神生活富裕的理论研究。

国外学者对精神生活提出了许多精辟独到、发人深思的见解，对我们今天构建社会主义和谐社会，促进人的精神生活共同富裕有积极的借鉴意义。但是，由于所处国情不同、文化不同，我们不能照搬西方的研究结论，而应该立足于中国的具体国情、具体情况，对精神生活做出独特的中国见解。

国内对精神生活的研究也有着悠久的历史和丰富的成果，在百年党史的奋斗历程中书写了一部为实现全体人民物质生活与精神生活共同富裕而努力奋斗的辉煌史诗。自中国共产党成立后，中国共产党人开始认识到文化建设的重要性，毛泽东同志就指出："文化是不可少的，任何社会没有文化就建设不起来。"中华人民共和国成立后，提出"百花齐放，推陈出新"的基本方针，极大丰富了人民群众的精神文化生活。改革开放后，在发展生产力的同时，党和政府提出了不断改善人民精神文化生活的政治表述，1986 年党的十二届六中全会形成了《中共中央关于社会主义精神文明建设指导方针的决议》，描绘了物质文明和精神文明"两位一体"的富裕生活格局，把精神建设提到了国家高度。

进入新时代，中国共产党对共同富裕的认识进入新阶段。习近平总书记指出，只有"全国各族人民物质生活和精神生活都改善，中国特色社会主义事业才能顺利向前推进"。新征程上要促进人的全面发展、全体人民共同富裕取得更为明显的实质性进展，就要突出精神生活共同富裕的价值引领，推动人民物质生活与精神生活共同富裕、协同均衡发展。党的十九届五中全会提出 2035 年建成文化强国的目标，加速了与促进人民精神生活共同富裕直接相关的能力建设和路径建设。

当前，国内学者对精神生活共同富裕的研究为本书提供了丰富的借鉴。我国全面建成小康社会和绝对贫困治理取得决定性胜利，为实现共同富裕奠定了重要基础，但对标更好满足人民对美好生活的向往，人民精神生活共同富裕基础仍有待强化。促进人民精神生活共同富裕不仅仅是推动思想、道德、文化某一领域的发展，而是要统筹兼顾，将精神生活渗透进社会生活的方方面面，体现在中国式现代化的全过程之中（王慧莹和田芝健，2022）。就要发挥公共文化服务促进人民精神生活共同富裕的主渠道作用，同时要清醒地意识到促进人民精神生活共同富裕这一重大使命任务，的确对深化现有精神文化领域公共服务体制改革，加快构建定位准确、统一有序、高效运行的新时代公共文化服务体系提出了十分紧迫的要求（陈慰和巫志南，2022）。由此看出，精神生活共同富裕是中国式现代化的必然要求，也是公共文化服务体系建设的初心使命。

二、精神生活共同富裕的内涵特征

党的十八大以来，中国共产党把推动共同富裕摆在更为重要的地位，领导全体人民消灭绝对贫困，全面建成小康社会，从而为精神生活共同富裕提供了必要的物质条件和思想保障。立足当代中国的实际，精神生活共同富裕显示出更为宽广的理论空间和现实意义。

就其内涵而言，学者并没有统一的定义。代表性的定义为：一是精神生活的样态，精神生活共同富裕是指基于新时代社会主要矛盾的变化、社会历史发展的新趋势、新机遇、新挑战，在扎实推动共同富裕的进程中人们精神生活应当呈现的样态（柏路和包崇庆，2022）。二是文化权利的丰裕平等，精神生活共同富裕主要是指国民个体在追求文化生活、审美情趣、自我价值、科学知识和群体认同的过程中所获得的较好公共文化资源保障和所享受到的相对公平的发展机会，体现为一种基于国民个体文化权利之上的文化获得、文化参与、文化享受与文化发展机会上的丰裕和平等（傅才武和高为，2022）。三是与物质生活对应的表现，精神生活共同富裕既标志着人们精神生活的主题性提升，也为心理生活、文化生活和信仰生活的共同富裕样态（张驰，2023）。

所谓人民精神生活共同富裕是指人民在精神生活领域对美好社会的理想信念、向上向善的价值理念、积极健康的道德观念和优秀传统文化的广泛认同并用以指导自身行为的精神状态。精神生活共同富裕根植于中华优秀传统文化，是对中华优秀传统文化的创新性发展以及创造性转化。习近平总书记指出，没有中华文化繁荣兴盛，就没有中华民族伟大复兴。一个民族的复兴需要强大的物质力量，也需要强大的精神力量。没有先进文化的积极引领，没有人民精神世界的极大丰富，没有民族精神力量的不断增强，一个国家、一个民族不可能屹立于世界民族之林。精神生活共同富裕源自对中华民族优秀传统文化的"自觉坚守"，它意味着全体社会成员对中华优秀传统文化的深刻认同和坚定信心，既是找到精神归属、获得文化滋养、塑造集体记忆，也是共建中华民族共有精神家园，是中华民族伟大复兴的精神动力。

基于此，精神生活共同富裕体现了社会全体成员在思想观念、文化认同和精神层面的共同繁荣。其内涵包括对多元思想观念的尊重与包容、法治观念的普及、广泛的文化参与度、文化建设形式的多样性，以及社会价值理念的共鸣。特征上则要求文化资源供给的充足，文化设施和服务效能的提升，以确保每个成员都能方便获取和享受文化资源。同时，共同富裕还需强调社会成员对核心社会价值理念的认同，形成广泛的文化认同，旨在实现社会在文化、思想和精神层面的全面繁荣，促进社会的和谐稳定。精神生活共同富裕不是凭空出现的抽象命题，而是生成于当代中国人社会生活的深刻变革，贯穿于中华民族伟大复兴的历史进程，彰显了人类文明发展新阶段的中国智慧。"精神生活"与物质生活相对应，在物质生活生产繁荣的现状下，也要加快对精神生活生产的步伐，推动精神生活生产与人们的精神生活需求相平衡，不断为人民提供高质量的精神文化产品，满足人民多样化、多层次、全方位的精神文化需要，促进人民的全方面发展。"共同富裕"是使每个人都达到一定的富裕水平，在精神生活的获得方面拥有相对公平的权利，增强全体人民的获得感、幸福感、归属感，从而为实现美好生活提供精神食粮和精神动力。

三、精神生活共同富裕的现实写照

精神生活共同富裕是共同富裕的重要内容，是新征程下对共同富裕理论的重大发展，相对于物质生活共同富裕有其独特的内涵与特性，并存在其独特的价值意义。

精神生活的特性主要体现在以下四个方面：一是历史性，即任何人的精神生活都是一定社会历史条件下的产物，其深度与广度不会超脱于时代的客观条件的限制。二是非第一性，精神生活从根本上说是在物质生活的生产过程中产生的，受到物质生产、生活的制约，无法脱离现实的物质生活来谈论精神生活。三是相对独立性，精神生活与物质生活并非完全同步，具有其自身的发展规律，并会对物质生活产生一定的反作用。四是民族性和个体性，对于国家民族的不同，文化历史的差异，精神生活呈现出民族性，又由于个人主观世界的独特性，呈现出个性化的差异（李茹佳，2022）。

精神生活的价值意义体现在对人和社会生活的理解。对精神生活的深入研究强化了对历史唯物主义社会生活理论的理解，有利于丰富精神生活共同富裕的理论研究，有利于理解人的本质、提升人的精神品质、丰富人的精神境界。重视精神建设是中国共产党的重要经验，是满足人民日益增长的美好生活需要的重要任务，是建设社会主义现代化强国的应有之义（刘东超，2022）。

如何实现人民精神生活共同富裕，习近平总书记从公共文化事业发展方面给予了强调，他指出要发展公共文化事业，完善公共文化服务体系，不断满足人民群众多样化、多层次、多方面的精神文化需求。2035年的远景目标突出了共同富裕要取得更为明显的实质性进展这一任务，并将公共文化服务体系和文化产业体系更加健全，人民精神生活日益丰富等作为我国"十四五"时期经济社会发展主要目标的内容。公共文化服务作为促进精神生活共同富裕的主渠道，在实现精神生活共同富裕的途中，有利于激发全社会参与精神文化产品创作生产热情，大力繁荣精神文化领域创新创造，推动社会精神财富逐步走向极大丰富（陈慰和巫志南，2022）。总之，我国要以有限的公共财力推动优秀精神文化产品边际效应无限放大、惠及全体人民，确保共同富裕在精神生活领域全面实现。

四、精神生活共同富裕理论层次

党的十八大以来，以习近平同志为核心的党中央高度重视人民群众安全感、获得感、幸福感的实现，强调要"使人民获得感、幸福感、安全感更加充实、更有保障、更可持续"。获得感、幸福感、安全感是衡量实现人民精神生活共同富裕的重要尺度，三者相辅相成、相互作用，共同构成了精神生活共同富裕的内容层次。

精神生活共同富裕的安全感属于基础层次，是精神生活共同富裕获得感与幸福感的基础。精神生活共同富裕的获得感属于较高层次，是精神生活共同富裕安全感与幸福感的连接因素和重要保障，也是实现精神生活共同富裕幸福感的必要条件。精神生活共同富裕的幸福感属于最高层次，是精神生活共同富裕安全感与获得感的进一步提升和最高体现（项久雨和马亚军，2022）。安全感、获得感与幸福感三者之间紧密联系、相得益彰，任何一个层次的缺失都无法实现人民精神生活共同富裕。

安全感是人民精神生活共同富裕的基础层次，是获得感与幸福感的基础。对于安全感的评价既是客观的标准，也是人们主观的体验。也就是说，人民精神生活共同富裕的安全感是客观标准和主观体验的有机统一。人民精神生活共同富裕的安全感表现为人们对当下以及未来国家、社会发生事情的确定性与可控性，是人民精神生活稳定、安全的情绪体验与精神状态（项久雨和马亚军，2022）。例如，经济高质量发展所带来的安全感，对当前及未来人民所处的精神文化环境的安全感，对我国意识形态的安全感，对网络精神交往的安全感，等等。安全感对人民精神生活共同富裕的实现具有重要的意义，不仅有助于获得感和幸福感的实现，而且推动了精神生活共同富裕的发展。

实现人民精神生活共同富裕安全感，我国要一以贯之地坚持马克思主义在意识形态领域的指导地位不动摇，牢牢掌握意识形态工作的领导权，增强人民国家意识形态的安全感。要"加强社会心理服务体系建设，培育自尊自信、理性平和、积极向上的社会心态"，稳定人民精神状态和情绪体验，为精神生活共同富裕注入积极向上的正能量。发展和谐多样、优雅文明、开放包容的文化环境，大力发展中国特色社会主义文化事业，全面振兴文化产业，提高人民所处精神生活环境的安全感。

获得感属于人民精神生活共同富裕的较高层次，在安全感和幸福感之间架起了一座桥梁，也是实现人民精神生活共同富裕必不可少的条件。习近平总书记提出"把改革方案的含金量充分展示出来，让人民群众有更多获得感"。人民精神生活共同富裕获得感的来源主要是对当下精神文化产品、资源、设施、服务等获得后的满足感，相对于安全感更具有客观的评价标准。精神生活共同富裕获得感主要体现在四个方面：一是精神生活共同富裕获得感的评价主体是人民群众，人民群众精神需求得到满足才能得到他们的认可；二是党和国家切实为人民群众提供充足的精神文化资源、产品与服务供给，丰富的精神文化供给是人民精神生活共同富裕获得感的核心；三是真正落实党和国家提供的精神文化资源、产品与服务，使全体人民都获益；四是要实现城乡区域精神文化资源、产品与服务供给的均等化，不断缩小城乡差距，使全体人民群众共享高质量精神文化资源、产品与服务，提高全体人民精神生活质量（项久雨和马亚军，2022）。

实现获得感，我国要坚持人民的主体地位，以人民为中心；加快构建公共文化服务设施，提高人民参与精神生活共同富裕的便利性。各级政府部门、群团组织、事业单位、学校、企业要根据各自的现实条件和文化资源，举办丰富多彩、充满正能量的文化活动，提供多样化、多层次的文化产品，增加人民参与精神生活共同富裕的积极性；重点关注乡村精神生活共同富裕建设，补齐精神文化资源方面的短板，缩小城乡之间的差距，将精神生活共同富裕惠及全体人民。

幸福感是人民精神生活共同富裕的最高层次，是安全感和获得感的进一步体现。获得感是客观感受，幸福感是获得感满足后的主观体验，其评价标准体现出主观性。人民精神生活共同富裕的幸福感是在追求、选择、创造、共享精神资源中精神需求得到满足后产生的个体愉悦与满足的心理状态和情绪体验，或者在与他人互动中所产生的富足的精神状态（项久雨, 2023）。

实现人民精神生活共同富裕提升幸福感，需要鼓励人人参与奋斗，避免陷入"躺平""懒汉"心理，人民既是精神生活共同富裕的享用者也是建设者。习近平总书记指出，幸福都是奋斗出来的，奋斗本身就是一种幸福。这充分体现出获得人民精神生活共同富裕幸福感需要人民具有积极健康的价值观，拥有昂扬向上的精神状态和不断拼搏的精神生活方式。

针对时代的发展和人民对美好生活的需要，实现精神生活共同富裕已然成为新时代亟须完成的重要理论和实践课题，安全感、获得感、幸福感作为精神生活共同富裕的意识形态层次，对实现精神生活共同富裕具有重要的意义。促进人民精神生活共同富裕实现从安全感到获得感再到幸福感的飞跃，需要构建人民所处精神文化环境的安全感，提高人民精神文化资源、产品以及服务的获得感，提升人民精神需求满足的幸福感。

第三节　精神生活共同富裕的时代意蕴

共同富裕关乎人的全面发展和社会全面进步，是中国式现代化的重要特征，是关乎长远和大局的重大战略问题。共同富裕是人民群众物质生活和精神生活都富裕，中国特色社会主义是物质文明和精神文明全面发展的社会主义，精神生活共同富裕成为中国特色社会主义的本质要求，是社会主义的本质特征。追求精神富足、物质充裕的美好生活是人类社会发展进步的永恒主题，更是中华民族孜孜以求的美好愿景。

一、文化是引领民族复兴的精神力量

习近平总书记强调，一个没有精神力量的民族难以自立自强，一项没有文化支撑的事业难以持续长久。有学者认为精神是一个民族赖以长久生存的灵魂，唯有在精神上达到一定的高度，这个民族才能在历史的洪流中屹立不倒、奋勇向前。促进人民精神生活共同富裕，不断推进社会主义文化繁荣兴盛，能够进一步增强中华民族基于中国特色社会主义文化而具有的凝聚力和生命力，不断增强文化自信自强，夯实国家文化软实力的根基，进一步提升中华文化吸引力和影响力，持续激发全国人民为实现中华民族伟大复兴而奋斗的精神力量。

二、精神生活共同富裕是社会主义的探索

习近平总书记指出，让人民群众过上更加幸福的好日子是我们党坚持不渝的奋斗目标，实现共同富裕是中国共产党领导和我国社会主义制度的本质要求，作为共同富裕的重要组成部分，精神生活共同富裕也体现了我国社会主义制度的理想追求，是习近平新时代中国特色社会主义思想的重大理论创新，丰富了中国特色社会主义深刻内涵，确立了社会主义现代化文化强国建设的前进方向，也指引着新一轮文化改革创新紧紧围绕引领全体人民物质生活共同富裕和精神生活共同富裕协同推进正确方向展开新一轮跨越。建设文化强国树立文化自信，推动人民的精神生活达到更高境界。

三、公共文化服务促进精神共同富裕所肩负的使命与挑战

随着精神生活共同富裕的理论与实践推进，在实现精神生活共同富裕的途中依然存在着许多问题。物质生活发展不平衡，制约着区域间精神文明整体性共建共享的实现程度，影响着社会情绪和社会心态，阻碍着精神生活共同富裕的实现。在部分农村及偏远地区仍然存在精神贫困问题，对精神生活认识不充分，成为精神生活共同富裕的一大阻碍。城乡、区域间公共文化服务建设发展不平衡、不充分，部分文化场所和设施长期闲置，公共文化服务对精神生活共同富裕的促进作用还没有充分发挥。随着新时代我国社会的主要矛盾、新发展阶段的国情特点和主要任务的变化，为实现民族伟大复兴构建美好精神家园，为实现现代化强国目标提供精神支柱，必须聚焦精神生活困境和公共文化治理挑战，优化公共文化治

理，更好发挥公共文化的公益性、全民性和价值导向性（王慧莹和田芝健，2022）。公共文化服务作为实现精神生活共同富裕路途中最重要的一环，在此重大历史进程之中，该如何全面看齐、深刻调整、积极作为、主动担当起促进人民精神生活共同富裕重大使命任务值得深思。

第四节　本章小结

共同富裕是由物质富裕和精神富裕共同组成的。通过精神生活共同富裕的概念形成到发展回顾，明确了精神生活共同富裕是关于如何在社会主义建设事业中促进个体心理幸福感和精神生活繁荣的课题。这一概念强调了中国共产党以及各级组织不仅要关注经济增长和物质财富的分配，还要在整体层面关注人们的心理健康、生活满意度以及社会和心理福祉。

习近平总书记对共同富裕的重要论述，成为本书依托公共文化服务体系建设精神生活共同富裕的重要力量依据。精神生活共同富裕强调所有人富裕，旨在消除社会不平等，关注社会不同地区和不同人群之间的社会和经济不平等，以及这种不平等对幸福感和精神生活的影响。人民群众有了更好的能力去理解和应对不平等问题时，在精神上的境界提升会促进社会支持系统和人际关系的发展，包括提升个体精神层面的感受和幸福感。中国传统文化中的亲情、友情和社会网络在精神生活共同富裕中扮演着重要角色，是实现精神生活共同富裕的重要载体，这些基础性的文化感受需要借助公共服务网络进行传递和扩散。理解共同富裕的内涵变迁对于正确认识新时代共同富裕中物质生活富裕与精神生活富裕的关系，尤其是作为第二个百年奋斗目标的重要组成，在公共文化服务体系中占据的核心地位。

第二章

公共文化服务与公共数字文化服务

公共文化服务以及随之崛起的公共数字文化服务在社会治理和文化建设中的地位日益凸显。随着信息技术的飞速发展和社会对文化需求的不断升级，传统的文化服务模式正经历着深刻的变革。公共文化服务作为一个涵盖广泛领域的概念，旨在通过文化资源的平等共享，满足人们在精神层面的多元需求，推动社会文明的进步。而公共数字文化服务，则在数字化时代崭露头角，以先进的技术手段和数字化的形式，为公共文化服务注入了新的活力与可能性。通过深入剖析公共文化服务及其数字化升级的关键特征，探讨其在当代社会中的作用和挑战，能够为进一步推动公共文化服务的创新与发展提供理论支持。

第一节 公共文化服务体系建设历程

公共文化服务是保障和实现公民基本文化权利的重要途径，在推动文化治理体系和治理能力现代化，保障人民基本文化权益，满足人民日益增长的精神文化需要，促进城乡经济社会协调发展等方面发挥了重要作用。党的十九大以来，党中央不仅将加强文化自信、构建现代公共文化服务体系纳入五位一体的战略发展大局，而且将之看作建设服务型政府、解决新时代人民日益增长的美好生活需要和不平衡不充分发展之间矛盾的有效手段。

一、公共文化服务的内涵与特征

从公共管理学的角度看，我国政府职能分为经济调节、市场监督、社会管理和公共服务四大方面，公共文化服务与公共教育、医疗卫生服务一样，属于"公共服务"中的社会性公共服务，是公共服务体系的有机组成部分。2017 年 3 月，我国颁布实施了《中华人民共和国公共文化服务保障法》，从立法的角度来保障公共文化服务，充分体现了国家在精神生活建设过程中的重视程度与推进力度，根据法律法规，公共文化服务是政府和社会力量提供的公共文化设施、文化产品、文化活动和其他相关服务，以满足公民的基本文化需求。将公共文化服务范畴拓展为服务载体、服务内容与服务形式。公共文化服务是具有非竞争性和非排他性的社会文化服务，是政府公共服务的重要组成部分（曹爱军，2010；毛少莹，2014）。它是为了满足社会的公共文化需求，向公众提供公共文化产品和服务行为及其相关制度与系统的总和，涵盖了广播电视、电影、出版、互联网、演出、博物馆、图书馆、档案馆和哲学社会科学研究等诸多文化领域，由公共部门及准公共部门共同生产或直接提供。

关于公共文化服务特征的研究，不少学者都提出了自己的观点，从多角度、多层次对其特征进行了归纳。陈坚良（2007）将系统性、普适性、人文性、制度性、创新性作为公共文化服务体系应该具备的特征。李楠楠（2012）在其基础上总结了共有性、公共性、公益性、多样性、便利性等，王鹤云（2014）则补充了公平性和基础性以及意识形态性。

总体来看，我国学者关于公共文化服务特征的总结基本趋于一致，综合分析公共文化服务特征的研究成果，公共文化服务特点可归纳为以下 5 点：①基本性，人的文化需求是复杂多样的，而公共文化服务是以公共权利和公共资源为保障、以基本文化需求为目标，体现覆盖面和基础性。

②公益性，指任何的公共服务活动都要考虑每一个社会成员的共同利益，且不以营利为目的，保障公民的文化权益，努力实现社会利益和国家利益的最大化。③均等性，这是公共管理的基本属性，全体公民都应该无差别平等地享受公共活动，强调低标准、广覆盖。但不意味着要在社会群体、城乡、区域之间进行整齐划一的文化服务，而应针对不同文化需求，提供丰富多样的文化产品和服务。④便利性，这是人民享受公共文化服务的基本原则，政府组织的所有公共文化活动都应该自然有效地融入公民的生活和工作中，并使两者能够有机结合，促进人民对公共文化服务的享受。⑤多元性，供给主体的多元性与人的需求的多样性要求政府作为公共文化服务的核心主体，责无旁贷地保障社会公众的文化权益，而社会各界力量的共同参与也是必不可少的，需要发挥多主体优势，形成政府与社会各界多方合作、多元参与的良性互动格局。

公共文化服务是服务型政府的一项重要职责，要为社会公众提供基本、共享、均等且市场难以满足的文化产品。不仅要调节公共文化服务主客体之间的关系，塑造多样化的文化产品，提供高品质的文化服务，还要构建多元的供给体系，培育公共文化服务市场，满足社会公众对公共文化服务的需求。

二、公共文化服务的发展历程

我国关于公共文化服务的实践探索远远早于其理论研究。在不同的研究视角下，学者们对公共文化服务从不同视角展开了多样的研究，一是研究区域公共文化服务的阶段性，如夏国锋和吴理财（2012）对深圳市的公共文化服务体系发展研究做了探讨，将公共服务与经济发展、城市建设与强化城市的关系作为阶段性划分事件对深圳市的三个阶段展开了分析。二是从公共文化服务的社会化发展开展研究，如关思思和刘晓东（2020）指出政府购买、文化志愿者服务、政府和社会力量的合作以及社会力量的建设都是公共文化机构社会化发展的主要形式。三是从区域差异视角开展研究，如彭雷霆和张璐（2023）立足公共文化服务高质量发展内涵，对制约其发展的品质化、数字化和均等化等区域差异因素开展了研究。

公共文化服务遵循源于实践并指导实践的原则，在人民群众的文化生活、社会实践中逐渐得到规范与完善。同时公共文化服务作为政府的一项职能，其实质就是为了满足人民群众的文化需求，保障其基本文化权益。因此，时代背景不同，政府行为会有所调整，社会公众的文化行为、理念也会有所不同，本书根据公共文化服务在不同时期的时代背景特色，对新中国成立后的公共文化服务发展情况展开梳理。

（一）第一阶段：新中国成立到改革开放探索期

新中国成立之初，百废待兴，我国公共文化事业基本处于停滞状态。一方面，我国公共文化设施基础薄弱，另一方面我国经济相对落后，物质生活水平明显低于国际标准，温饱问题是国家和社会矛盾的主要方面，对物质生活的追求客观上阻碍了人民群众对文化精神的向往。面对这样的情况，中国政府出台了一些政策文件，逐步建立适应当时社会和经济发展的文化管理体制，为公共文化服务的发展奠定了基础。

1949 年，政府将之前存在的近千个教育馆改建为人民文化馆，并在全国范围内普及文化馆的建设。1951 年和 1952 年中央人民政府先后颁布了《关于开展春节群众文艺工作的指示》《关于一九五二年春节群众文艺工作的指示》，号召文艺团体开展宣传文艺活动，丰富群众春节期间的文化生活。1953 年 12 月，中央人民政府文化部发布了《整顿和加强文化馆、站工作的指示》，首次明确了文化馆的性质和工作任务，指出文化馆、文化站应该集行政管理、业务开展于一身，以识字教育、政治宣传、文艺活动及普及科学知识为主要职能。1954 年中央人民政府文化部、中华全国总工会公布《关于加强工矿、工地、企业中文化艺术工作的指示》，要求将工矿文化加入国家计划的轨道，这一指示使得工矿文化工作得到了极大的发展。

（二）第二阶段：改革开放时期到 2011 年提升发展期

党的十一届三中全会的召开标志着中国进入了改革开放新的历史时期。我国的公共文化建设在摸索中前进，公共文化服务建设初具模型，为后来的发展夯实了基础。1982年《关于第六个五年计划的报告》中提出实现"县县有图书馆和文化馆，乡乡有文化站"的建设目标。2011年《国家计委、文化部关于"十五"期间加强基层公共文化设施建设的通知》指出，我国经济发展尚不能满足人民日益增长的文化需求，要正视现实，在这个现实基础上，加强党的领导，增加投入，加强基层公共文化设施建设。在这一阶段，公共文化服务设施已经受到关注，但是由于经济条件的制约，公共文化服务的发展仍受到限制。

进入"十一五"，我国社会主义市场经济体制已经基本建立，随着经济的发展，公共文化建设加快进入了政府议程。2005年10月11日，党的十六届五中全会通过的《中共中央关于制定国民经济和社会发展第十一个五年规划的建议》中明确提出"加大政府对文化事业的投入，逐步形成覆盖全社会的比较完备的公共文化服务体系"的战略规划。至此，公共文化服务作为我国文化事业发展的热点和服务型政府建设的亮点正式进入政策议题领域。2006年9月13日发布的《国家"十一五"时期文化发展规划纲要》为"公共文化服务"专辟一章进行详尽的部署规划。2007年中办、国办印发了更加专业性的政策，即《关于加强公共文化服务体系建设的若干意见》来明确公共文化服务体系建设的内容和任务。公共文化服务政策覆盖内容从文化事业发展向健全公共文化服务网络、创新公共文化服务方式、完善公共文化服务运行机制等方面拓展。

（三）第三阶段：2012年至今规范加速发展期

随着改革红利的普及，人民的物质生活水平不断提升，表现出对公共文化的强烈需求，尤其是互联网的发展，为公共文化服务提供了新的便利。2011年，文化部、财政部先后联合发布了《关于进一步加强公共数字文化建设的指导意见》与《关于实施"数字图书馆推广工程"的通知》，将公共文化服务与数字科技相结合，相互促进、相互融合，在全球化、信息化、数字化的背景下，推进公共文化服务水平提升。文化部发布的《"十二五"时期公共文化服务体系建设实施纲要》鼓励和引导基于主流移动通信平台的资源服务系统开发，探索通过手机、便携式计算机等移动终端提供公共文化服务，探索基于个体需求及便利的公共文化服务供给新模式，提高针对性、便捷性和时效性。

"十三五"时期以来，《中华人民共和国公共文化服务保障法》与《中华人民共和国公共图书馆法》两部法律的相继出台及落地表明了国家通过法律的权威和约束力来保障公共文化设施的建设与管理，支持公共文化活动的举办与开展，对接公共文化服务的供给与需求。公共文化服务自身概念的交叉融合性及实现过程的多元协作性迫切需要一部具有"四梁八柱"性质的综合性法律，而已有的《中华人民共和国文物保护法》和《中华人民共和国非物质文化遗产法》是对公共文化服务某一部分的规定和调整，在此背景下公共文化服务保障法应运而生，标志着我国公共文化服务制度体系的进一步完善和文化法治建设的跨越式发展。

在新的时代，党和政府把公共文化服务体系建设提升到国家战略地位，纳入文化发展顶层设计，加快发展公共文化服务事业，展现了对历史负责，对人民负责的文化自觉。针对公共文化服务体系发展中存在的普遍性问题、难题，国家不断出台相应的法律法规和政策机制，并做出超前规划设计，形成了较为完善的制度保障体系，彰显了国家在治理现代化进程中的制度自觉。日渐完善的制度机制也推进了公共文化服务在价值取向、建设理念、治理能力、服务内容和服务方式等方面的现代化，实现了公共文化服务体系的整体提升。

三、公共文化服务的研究及进展

学者对于公共文化服务的研究大多侧重于公共文化服务的必要性与实质、公共文化服务体系建设路径、公共文化服务的阵地建造、公共文化服务均等化意涵、测度与路径、公共文化服务绩效评估的本质与模型建构以及公共文化服务的治理困境等方面，更关注供给端的数量和结果（陈世香和周维，2023）。当前我国进入了促进文化繁荣发展和建设社会主义文化强国的关键时期，众学者对公共文化服务的研究可以归纳为以下五个方面：

（一）公共文化服务体系的构建与完善研究

建立公共文化服务体系被列入国家"十一五"规划之后，如何健全公共文化服务体系作为一项重大课题开始受到学界瞩目。党的十八大后，构建现代公共文化服务体系成为新时代健全公共文化服务体系的方向，围绕现代公共文化服务体系建设主要从文化治理、政府购买、供给侧改革、社会力量参与、服务效能角度进行研究（王秀伟，2022）。

（二）基本公共文化服务均等化

基本公共文化服务均等化作为政府公共服务的新路向，是在尊重人们自由选择权的基础上满足其多样化的文化需求（李少惠和赵军义，2017）。主要通过图书馆的作用发挥来促进基本公共文化服务均等化方面的作用，确保西部地区、农村地区、民族和贫困地区享有均等化的基本公共文化服务（胡税根和宋先龙，2011）。

（三）通过社会化机制挖掘公共文化服务的治理意义

国家文化发展规划作出了"推动公共文化服务社会化发展"的战略部署，力图把项目化管理、市场化运作、社会化参与结合起来，支持企业、社会组织和个人协同提供公共文化设施、产品和服务，形成公共文化服务领域共建共享的多元治理格局。通过创新公共文化服务社会化运行机制，激活治理意识，培育治理能力，最终推动社会治理，是未来公共文化服务的重要研究使命和研究方向（陈世香和吴世坤，2020）。

（四）公共文化服务体系与现代化

现代公共文化服务体系是党的十八届三中全会之后作出的重要话语转换，也受到了学界的持续关注。会议提出要建设现代公共文化服务体系，公共文化服务体系进入"现代化"语境中，公共文化服务体系建设迫在眉睫。现代化的公共文化服务体系包括明确功能设置的现代化、体制机制的现代化和服务方式的现代化（圣章红，2016）。

（五）公共文化服务数字化建设

智能技术的推广、公共文化服务的智慧化不断提升，以物联网、大数据和人工智能等先进技术为依托，推广"互联网+公共文化"，推动数字文化工程转型升级、资源整合，丰富公共数字文化资源、优化云文化平台，推动在线和在地服务的融合发展，创新文化服务内容和方式，不断提升公共文化服务的功能和质量，满足人民群众美好生活的需求。公共文化服务数字化的研究是公共文化服务体系建设的重要内容，具有重要的研究价值，是公共文化服务研究的热点。未来公共文化服务研究应更多地从实践议题出发，将力量知识和具体国情相结合，探究中国公共文化服务的发展逻辑，构建有中国特色的公共文化服务话语体系。

四、公共文化服务政策研究

公共文化服务政策是党和国家根据不同发展阶段公共文化服务的特点而制定的，是对人民群众公共文化服务现实需求的顶层响应。学者们通过政策文本研究、调查研究等方式，对公共文化服务政策的价值阶段性、技术理性、政策问题（范逢春，2016；吴理财，2017；祁述裕和曹伟，2018；李少惠和王婷，2019）、政策制定（曹树金等，2019；吕芳，2019）等主题展开了研究。

随着社会主义市场经济的发展和文化体制改革的不断推进，公共文化服务沿着满足人民文化权益的路径不断优化，展示了我国发展公益性文化事业，切实尊重和保障人民基本文化权益的公共文化服务政策发展历程。

（一）政策起步期（2005~2009年）探索与经济社会发展相协调的政策体系

2005年，党的十六届五中全会上提出要加大政府对文化事业的投入，逐步形成覆盖全社会的比较完备的公共文化服务体系。这是党的文件中首次提出公共文化服务体系的概念。此时，在党和国家的话语理解中，文化事业包括公益性文化生产和文化服务事业，其目的和作用在于提供公共文化服务、保障人民文化权益、促进人的素质全面发展。此时的公共文化服务体系的内容和范围还较窄，对公共文化服务的理解处于初级阶段。

2007年6月，中央政治局会议对加强公共文化服务体系建设进行了专题研究，明确了加强公共文化服务体系建设的重要意义、指导思想、目标任务、重点内容和领导责任。随后，中共中央办公厅、国务院办公厅印发了《关于加强公共文化服务体系建设的若干意见》，全面部署了大力加强公共文化服务体系建设的各项工作，该文件也成为政策起步期的代表性文件。

起步期的公共文化服务体系中，中央层面政策文件更多侧重满足基本文化需求，在表述上多用"覆盖城乡""覆盖全社会"等措辞，相关政策文件总量较少，多强调政策的主导作用，相关政策主体对于公共文化服务的参与度和各单位间协同度也处于较低水平。对区域的差异性关注不够，但已经注意到西部和农村地区的文化设施还比较落后，难以实现和保障群众特别是农民工、低收入群体等的基本文化权益，在具体政策工具的运用上，凸显了在加强组织保障的前提下，通过给予财税支持政策，培育市场主体，完善城乡基层公共文化基础设施，从而初步形成公共文化服务网络。在政策价值方面，重视社会效益和经济效益相统一，鼓励以社会效益为先，牢牢把握社会主义先进文化的前进方向，整合社会资源，下大力气满足群众的基本文化权益。

（二）政策发展期（2010~2017年）将文化主体的多样性纳入文化事业建设范畴

2010年5月，国务院明确社会文化事业领域对民间资本开放。同年10月，党的十七届五中全会提出了"十二五"时期文化建设的两大战略任务，其中之一便是"基本建成公共文化服务体系"。2011年，党的十七届六中全会通过了《中共中央关于深化文化体制改革推动社会主义文化大发展大繁荣若干重大问题的决定》，在总结实践经验的基础上，阐释了公共文化、公共文化服务、公共文化服务体系的性质、内容、特点、目标，提出了公共文化服务体系建设的目标。最重要的一点是，明确了公共文化服务公益性、基本性、均等性、便利性的特点以及四者的关系。该决定的颁布，标志着我国的公共文化服务体系建设实现了历史性转折，跨入了大发展大繁荣的新阶段。2012年7月，国务院印发《国家基本公共服务体系

"十二五"规划》，首次将基本公共文化体育服务纳入我国基本公共服务之中。2013 年《中共中央关于全面深化改革若干重大问题的决定》提出，构建现代公共文化服务体系。公共文化服务体系建设迈入了改革发展的新阶段。

总体来看，在政策发展期，中央层面政策文件对建设公共文化服务体系的关注向内涵式发展转变，相关政策文件总量有所增加，相关政策主体对于公共文化服务的参与度和各单位间协同度也有了一定提高。随着公共文化服务体系的内涵进一步明确和丰富，科技融合、文物保护、志愿服务、全民阅读等话题受到了政策关注。与之相对应的是，在政策工具的选择上，设施建设、科技融合涉及较多，图书馆（室）、文化站、博物馆等场馆建设更加多样化，公共电子阅览室等公共数字文化建设提上了政策议事日程。在政策价值方面，对群众需求的回应从满足基本需求提升到提供均等便利的服务，通过公共文化服务体系建设激发社会活力也受到了相对较高的关注度。

2015 年，中共中央办公厅、国务院办公厅印发《关于加快构建现代公共文化服务体系的意见》，明确了在新形势下构建现代公共文化服务体系的重要意义、总体要求和战略举措。同年，党的十八届五中全会提出完善公共文化服务体系，表明我国的公共文化服务体系建设目标从全面覆盖转向优化完善。2015～2017 年，公共文化服务体系建设迈上了快车道，制定并实施了《博物馆条例》《公共文化服务保障法》《公共图书馆法》等法律法规和一系列政策文件，初步形成了构建现代公共文化服务体系的制度框架；《文化部"十三五"时期公共数字文化建设规划》等一大批规划相继出台，对于提高公共文化服务效能、推进基本公共文化服务标准化、均等化建设发挥了重要作用。

（三）政策优化期（2018 年至今）更加关注文化事业发展中的公共文化供给

公共文化服务体系的政策优化被高度关注。党的十九大报告中指出，完善公共文化服务体系，深入实施文化惠民工程，丰富群众性文化活动。党的十九届四中全会针对优化政府职责体系提出了完善公共服务体系，推进基本公共服务均等化、可及性的要求；对于完善城乡公共文化服务体系，在扩大覆盖面的基础上，要求增强实效性。

总之，在政策优化期，中央层面的关注点向公共文化服务体系完善和效能提升转变，相关政策文件总量大幅增加，政策涉及领域明显拓宽。公共文化服务政策的参与主体增多，各单位间协同度有了较大提高。随着公共文化服务体系建设的重点转向现代化、高质量发展，创新、数字融合、文化遗产保护与利用等话题的政策关注度提升。与之相对应地，在政策工具的选择上更加重视优化发展环境，提升公共文化服务设施建设水平、激发社会活力；在政策价值方面，强调先进文化体现时代发展趋势，工作目标导向以人民为中心，更好地满足人民群众日益增长的文化需求。

第二节　公共数字文化服务的政策历程

党的二十大报告指出，实施国家文化数字化战略，健全现代公共文化服务体系，创新实施文化惠民工程。当前，公共文化服务与数字化技术相结合产生了公共数字文化服务，这是提升我国公共文化服务效能，推进实现物质文明和精神文明相协调的重要一环，对公共文化服务的发展有着至关重要的作用。

一、公共数字文化服务的内涵及特征

在现代语境中，数字文化事业是"公共文化+数字化产品与服务"概念的组合，从术语学上来说，是在公共文化服务基础上产生了新概念；从范畴上来说，属于公共文化范畴。在早期的研究与实践中，通常使用"公益性数字文化"一词加以泛指公共数字文化，其内涵是以国家财政投入为主，以满足民众基本数字文化需求为目标的一种文化形式，包括公益性数字传媒和公益数字文化网站。

公共数字文化服务是典型的政策文本早于学术研究的概念。"公共数字文化"是由文化部在"公益性数字文化"的基础上正式提出的，其本质从政府公共数字文化服务刚性供给向公众数字文化弹性需求转变（方标军等，2015）。李国新（2011）认为，"公共数字文化"是编制"十二五"规划过程中逐步凝练、形成的概念，并以"三大工程"为抓手推进。在国家宏观战略上，《关于进一步加强公共数字文化建设的指导意见》明确指出，公共数字文化建设作为公共文化服务体系建设的重要组成部分，是数字化、信息化、网络化环境下文化建设的新平台、新阵地；包括数字化平台、数字化资源、数字化服务等基本内容。自此，"公共数字文化"概念普遍出现在相关规划、计划及项目文件中。

全球信息化时代，公共数字文化服务突出信息时代公共文化服务全体公民的可参与性大众特质，从服务与科技结合的角度，以及从各领域的数字化服务发展趋向整体的态势进行整体性考虑与规划。公共数字文化是在公共文化的基础上与数字化结合发展的产物，具有公共文化所具有的特征。此外，完颜邓邓（2017）认为公共数字文化还具有数字化特征，运用数字化技术将实体公共文化资源进行数字化转换、存储，通过互联网、光纤网、广播电视网等网络渠道进行传播，公众利用电脑、手机、数字电视等电子终端设备获取与利用。此外，公共数字文化服务的内容包括服务提供单位的馆藏资源（经过数字化加工处理的图书、期刊、报纸、照片、文物、文化艺术节目等）及其中的网络铺设、平台建设、阅读终端等数字文化设施设备与线上开展的数字展览、数字阅读推广、数字讲座与培训等数字文化活动。

综上所述，公共数字文化服务是涵盖了以数字技术为基础的文化服务，旨在满足社会公众对文化信息、教育资源和文化体验的多层次需求。其内涵包括数字化文化资源的广泛数字化、数字文化产品的创新开发，以及数字技术在文化传播、保存、展示和教育中的应用。公共数字文化服务特征在于信息的开放共享、多元文化形式的呈现、数字技术的高效运用，以及服务的公益性质，旨在促进文化的传承、创新和全面发展。通过提供便捷、高效、多样的公共数字文化服务，既推动了文化的数字转型，也加强了社会成员对文化的参与与共享创作，为社会构建开放、包容的数字文化生态系统。服务内容包括数字档案馆、数字博物馆、数字图书馆、数字艺术展览、数字文化遗产保护、数字文化教育和数字文化产业发展等方面。这些服务的目标是让公众可以更方便地获得文化信息和资源，拓宽知识和视野，促进文化交流和文化普及，也为文化机构提供了数字化的手段，使其可以更好地保存和展示文化遗产，加强与公众的互动，促进数字文化产业的发展，进而促进社会进步和文化创新。

二、公共数字文化服务的发展历程

2005 年，法国国家图书馆就开始向公众提供数字化图书馆服务，这被认为是公共数字文化服务的一个早期例子。2007 年，欧盟委员会通过了《数字化欧洲 2020 战略》[①]，其中提到了数字文化遗产的保护和开放式访问。2011 年，联合国教科文组织（UNESCO）通过了《公共数字文化服务宣言》[②]，提倡为公众提供数字文化资源的服务，并强调了数字技术在促进文化多样性和知识普及方面的作用。自此以后，越来越多的国家和组织开始意识到公共数字文化服务的重要性，并采取措施推动数字文化资源的开放和共享。

2011 年 12 月，我国文化部、财政部在《关于进一步加强公共数字文化建设的指导意见》中首次提出了公共数字文化服务的准确定义。至此，公共数字文化的建设正式成为了公共文化服务体系建设的重要组成部分。2019 年，中共中央宣传部、文化和旅游部、国家互联网信息办公室、财政部、工业和信息化部 5 部委联合发布《关于加快推进公共数字文化服务体系建设的指导意见》，明确了公共数字文化服务是指政府主导、市场

---

① 英文名：*Digital Agenda for Europe*。
② 英文名：*The Public Service Broadcasting in the Digital Era*。

化运作、社会参与、数字化技术支持的公共文化服务，以人民群众的文化需求为导向，以数字化技术为支撑，促进文化的创造、传播、交流、分享和使用，旨在推动数字文化资源向公众开放，促进文化创新和数字经济发展，满足人民对美好生活的向往。

在公共文化服务被当作共同富裕的重要路径后，2021年6月，国家持续发力加快能力建设，文化和旅游部印发的《"十四五"公共文化服务体系建设规划》中就将"推动公共文化服务数字化、网络化、智能化建设"作为公共文化服务体系建设的主要任务，重点聚焦数字文化内容资源和管理服务大数据资源建设、公共文化网络平台建设、公共文化服务智慧应用场景拓展等方面。将公共文化转型数字化，实现公共文化数据大规模、跨领域、跨媒体的采集加工、交易分发、传输存储及数据治理。而公共文化服务数字化，既包括技术层面的智能化，也包括分析、决策、管理方面的慧识化。"十四五"时期，立足我国基本国情，深刻认识和把握公共文化服务的新特征、新要求、新规律，不断提升公共文化服务数字化水平，具有十分重要的理论和现实意义。

2022年5月，中共中央办公厅、国务院办公厅印发了《关于推进实施国家文化数字化战略的意见》，明确了提升公共文化服务数字化水平是国家文化数字化战略的重要任务，对公共文化服务数字化建设作出了总体部署和战略安排。将公共文化数字化建设跃上新台阶，形成线上线下融合互动、立体覆盖的文化服务供给体系设定为主要目标，各省级政府部门随之出台了相关政策。

我国公共数字文化服务得到了迅速发展。在多个领域共同发力成为推广文化、促进文化产业发展和推进数字化时代文化建设的重要手段之一。一是传统馆所加快数字化服务进程，我国有多个知名博物馆推出了数字化展览和文物保护项目，如故宫博物院、中国国家博物馆、上海博物馆等。此外，中国国家图书馆、上海图书馆、北京图书馆等公共图书馆都在数字化服务方面取得了不少成果，推出了大量免费数字化图书、期刊和影像资料。二是在数字文化遗产保护方面，利用数字化的手段将中国文化遗产纳入保护项目，这在国内外形成了很高影响力，如敦煌莫高窟数字化保护、秦始皇兵马俑数字化保护等。三是数字文化教育项目涵盖了多个领域，如数字文化资源服务平台、数字文化教育教学平台、数字文化旅游等。四是数字文化产业已经成为文化产业发展的重要组成部分，涵盖了数字内容制作、数字艺术表演、数字娱乐等多个领域。

我国公共数字文化服务发展现状不断拓展，各级政府和文化机构也在不断加大对数字化服务的投入和支持，以推动文化事业发展、促进文化交流和创新。随着数字化步伐加快，公共数字文化服务的理论研究和实践探索也深入发展，其体系建设愈发完善，公共数字文化服务逐渐成为推动公共文化服务高质量发展的重要推手。

三、公共数字文化服务的研究脉络

随着公共文化服务的不断发展，越来越多的学者对公共数字文化服务开展了研究，产生了丰富多样的研究成果。当前对公共数字文化服务研究内容主要侧重可及性、用户行为、资源整合、影响机制、服务效能等方面。现有关于公共数字文化服务的研究着力关注知识产权问题、资源整合问题、公共数字文化的公众需求状况、资源的分配、质量和效益评价、公共数字文化服务网站和平台建设的适应性、标准化和规范化等问题（王锰，2017）。潘颖和郑建明（2023）认为国内该研究领域已形成较为核心的"师生团队"，如郑建明、王锰、蒋琳萍、华钰文团队，该团队近年围绕乡村公共数字文化可及性、用户利用行为等主题开展了持续深入的研究。

公共数字文化服务的可及性研究成为数字文化领域中备受关注的一个热点话题。数字技术飞速发展，数字文化资源不断增加，如何让这些数字文化资源更好地服务于公众，成为了数字文化领域中急需解决的问题，"可及性"这个概念便出现在了人们的视野中。在公共数字文化服务领域，研究人员一直关注着用户行为的变化发展和用户流失。随着数字技术的发展和数字化转型的加速推进，公共数字文化服务资源的研究日益受到重视，资源整合、资源安全等方面的研究不断推动着公共数字文化的发展。

（一）公共数字文化服务可及性

Andersen（1968）认为可及性研究起源于公共卫生服务领域，最初是指"使用服务"。王前和吴理财（2015）在借鉴凯塔琳娜相关研究的基础上，将可及性引入公共文化服务领域，掀起了公共文化服务可及性研究的热潮。戴艳清和胡逸夫（2022）利用托马斯提出的5A模型对公共数字文化服务可及性的要素进行"分解"和"重构"系统梳理，认为可获得性是物质基础，是最基本的要素；可知晓性建立在可获得性的基础上，同时可知晓性也是可接近性、可接受性和可适应性的前提；可接近性是在公众知晓服务后，进一步克服时空和个人特殊因素等的阻碍以接近和利用公共数字文化服务；可接受性是用户在利用服务过程中产生的心理体验；可适应性是可及性中的关键要素，是判断公共数字文化服务供需匹配程度的重要标准。这五点要素集合构成了公共数字文化服务可及性的实现，公共数字文化服务可及性研究具体表现在以下三个方面：

一是公共数字文化资源的可及性。学者们提出了多种不同的指标和方法开展量化研究。如从数字资源的数量、类型、质量、可用性、可访问性、使用率等方面来评估数字文化资源的可及性。其中，数字文化资源的可访问性是一个重要的指标，涉及数字文化资源的开放程度、获取途径、使用权限等方面。欧洲的（Europeana）数字图书馆就是一个通过开放数据和开放API接口，提高数字文化资源可访问性的成功案例。二是数字文化资源可及性涉及的数字鸿沟问题。数字鸿沟不仅存在于发达国家与发展中国家之间，也存在于城乡之间、不同年龄层之间等多个维度。为了解决数字鸿沟问题，学者们提出了多种解决方案，如建立数字公共图书馆、推广数字文化素养等。三是数字文化服务的创新。数字文化服务的创新是提高数字文化资源可及性的重要途径，如利用虚拟现实技术、人工智能技术等数字技术，可以为用户提供更加智能、个性化的数字文化服务体验。同时，数字文化服务的创新也需要关注用户需求，根据用户的不同需求和兴趣，设计出更加多样化、贴近用户需求的数字文化服务。

在过去的几年中，越来越多的数字文化资源被数字化并提供在线访问。但是，公共数字文化服务的可及性仍然存在一些挑战。除数字鸿沟外，数字文化资源的语言、文化和地域差异也是挑战，这可能会导致某些人无法获得他们需要的信息。为了提高公共数字文化服务的可及性，数字文化机构应该采取积极的措施，如多语言支持、用户友好的界面设计、易于使用的搜索工具和全面的访问政策等。此外，数字文化机构还可以与社区合作，将数字文化资源直接带给用户，如在图书馆和博物馆举办数字文化展览和活动。欧洲数字图书馆提供了丰富的文化资源在线访问，支持多种语言，让用户可以使用各种搜索工具快速找到自己感兴趣的资源，它还与欧洲各地的图书馆、博物馆和文化机构合作，共同举办数字文化展览和活动，直接向公众介绍数字文化资源的价值和意义。

公共数字文化服务可及性研究是数字文化服务平台发展和数字鸿沟问题解决的重要方向，需要通过技术和政策手段来提高数字文化服务平台的可访问性和可用性，促进数字文化资源的共享和传播，这对社会的文化教育和知识普及起到了重要作用。

（二）公共数字文化服务用户行为

数字文化服务对用户行为有着不同的影响。用户对数字文化内容的使用方式和消费行为存在差异；数字文化服务对用户行为的社会和文化影响也不同。数字文化服务的用户体验，包括用户界面的设计和可用性等方面给数字文化服务带来了挑战。越来越多的用户使用数字文化服务，倒逼了公共数字文化服务的发展和创新。

公共数字文化服务的使用更多地受到用户行为和需求的影响。对用户流失行为进行研究有助于提高公共数字文化服务的质量和用户体验，节约资源，增加市场竞争力。通过分析用户的流失行为，可以了解用户对公共数字文化服务的需求和期望，并找出公共数字文化服务的不足之处，从而改善服务，提高用户满意度。公共数字文化服务通常需要耗费大量的资源来开发和维护，如果存在大量的用户流失，就会导致这些资源的浪费。通过分析用户行为流失，可以减少资源浪费，优化资源分配。此外，用户流失的原因可能是由于公共数字文化服务的内容或功能存在缺陷或问题，或者是由于用户体验不佳，从而导致用户不再使用服务。通过分析用户行为流失，可以找出问题所在，进而优化服务，提高服务质量。公共数字文化服务通常还存在与其他同类服务的竞争，如果用户流失率较高，就会导致公共数字文化服务在市场上的竞争力下降。

从公共数字文化服务数字属性出发，徐孝娟等（2016）对社交网站用户流失行为理论基础及影响因素进行探究，发现线上用户流失行为是指用户使用产品后的后续行为阶段中的一种反应或决策，主要以放弃、转移等消极行为为主。Keaveney 和 Parthasarathy（2001）明确在线服务用户流失的概念，并给出用户流失两种典型类型：一是用户放弃使用网络服务商的产品，并不再使用该产品及其他类似产品；二是放弃使用某服务商的产品后，转而使用其他服务商的类似产品。

学界对不同主题的用户流失行为进行了研究，如 Salo 和 Makkonen（2018）研究应用程序的用户流失行为状况，发现用户由于可轻松切换至替代应用程序，移动应用程序面临较高用户流失风险；陈渝和黄亮峰（2019）等基于理性选择理论对电子书阅读客户端的用户流失进行分析，得出社会影响是系统和隐私因素之外造成用户流失行为产生的重要因素。王锰等（2022）在 S-O-R 理论视角下对乡村公共数字文化服务用户流失行为进行研究，认为替代品因素可以直接影响用户流失行为，其中包括用户信息素养通过感知有用性，服务、系统、环境质量通过用户满意度等方面都可以影响用户流失行为。

通过分析用户流失行为，可以提高公共数字文化服务在市场上的竞争力，增加用户的留存率，深入了解数字文化服务用户的行为和需求对于改进数字文化服务的设计和开发具有重要意义。

（三）公共数字文化服务资源

公共数字文化服务资源是指在数字化环境下向公众提供的文化服务资源。关于公共数字文化服务资源的研究已经涉及多个领域，包括数字图书馆、数字博物馆、数字文化遗产等。这些研究不仅关注如何将传统文化资源数字化，还涉及如何将数字技术应用于文化资源的传播、保护、利用和推广等方面。同时，随着移动互联网的普及，公共数字文化服务资源也呈现出多样化、个性化、互动化和社交化的趋势，这对公共数字文化服务资源的研究提出了新的挑战和机遇。

1. 资源整合

公共数字文化资源整合项目是指公共图书馆、博物馆、档案馆、文化馆等公共文化机构在馆藏资源数字化的基础上，利用信息技术对分散、异构的数字资源进行类聚、融合并重组，为用户提供"一站式"服务的网络平台，有利于公共文化资源的高效使用。刘乃蓬和张伟（2012）认为图书馆、档案馆、博物馆等都是保存人类文化记忆和知识记录的重要机构，其收藏的内容包括全人类、全社会、所有机构的历史记录，个人的人生轨迹记载以及科学文化遗产等资源。这些资源是祖先遗留给我们的宝贵遗产，也必将是我们对后代最有价值的遗赠。关于合作保存，各国学者具有普遍共识。Institute of Museum and Library（2005）的研究者曾在美国博物馆和图书馆服务协会关于图书馆、博物馆与学校合作的相关报告中提到，合作可以使博物馆和图书馆提升它们在公众中的地位、改善其现有的服务和项目，并更好地满足越来越多的用户需求，特别是那些未能得到充分服务的用户。我国学者肖希明和张芳源（2014）指出"主导—参与"模式成为公共文化机构数字资源合作保存主流模式之一，其合作方式主要以某一大型公共文化机构作为主导方，其他公共文化服务机构、非营利性机构或者营利性机构作为合作方参与。完颜邓邓和童雨萱（2022）认为建立供需反馈机制并融合新兴技术，保证资源供给的及时性和准确性，辨别需求的共性及个性，确保服务供给有效性，实现多渠道公众参与，提升供需匹配精准度。

2. 资源管理和应用

数字文化资源建设和管理包括数字化文物保护、数字博物馆建设、数字图书馆建设等方面，涵盖了多个领域，旨在推动数字文化服务的创新和发展，提高数字文化服务的质量和效益，主要包括以下三个方面：

一是数字文化资源的管理与利用，数字文化资源的管理包括数字资源采集、数字化加工、数字资源储存、数字资源传播和数字资源保护等。数字文化资源的利用包括数字文化服务的创新和发展，数字文化资源的共享和利用，数字文化资源的社会和经济价值等。二是数字文化资源的建设和共享数字文化资源的建设，包括数字文化资源的收集和整合、数字文化资源的标准和规范建设、数字文化资源的数字化加工和展示等。数字文化资源的共享包括数字文化资源的共享平台建设、数字文化资源的共享标准和规范、数字文化资源的共享机制和政策等。三是数字文化资源的社会和经济价值研究。数字文化资源的社会价值包括数字文化资源对文化传承、社会和文化认知、社会和文化建设等方面的价值。数字文化资源的经济价值包括数字文化服务的产业化、数字文化资源的商业价值、数字文化服务的创新和发展等。

总之，公共数字文化服务资源研究是一个复杂的领域，需要各方的力量共同参与，以提高数字文化资源的管理和利用水平，促进数字文化服务的创新和发展。

四、公共数字文化服务政策研究

公共数字文化建设作为公共文化服务体系建设的重要任务，是文化强国、网络强国、数字强国几大战略的汇集点，对于提升公共文化服务智慧化、现代化水平和治理能力，满足人民群众对美好文化生活的新期待具有重要意义。党和国家对于公共数字文化极其重视，党的十九届五中全会决议明确提出，"十四五"时期要"推动公共文化数字化建设"。习近平总书记就加强公共文化服务体系建设，推进文化体制改革，推动文化事业全面繁荣发表了一系列重要论述。中央一级政府和相关部门先后发布了《文化部、财政部关于进一步加强公共数字文化建设的指导意见》《"电子阅览室建设计划"实施方案》《全国文化信息资源共享工程"十二五"规划纲要》《公共图书馆法》《公共文化服务保障法》《"十三五"时期公共数字文化建设规划》等文件，部署公共数字文化建设工作。

文化部与财政部于 2011 年共同印发的《关于进一步加强公共数字文

化建设的指导意见》明确了公共数字文化建设所包含的基本内容，并指导开展公共数字文化服务资源储备工作。国务院于 2015 年印发的《关于加快构建现代公共文化服务体系的意见》，不但强调了公共数字文化服务在现代公共文化体系中的重要地位，还制定了较为详细的数字文化发展规划。于 2016 年通过实施的《公共文化服务保障法》，成为国家首部公共文化服务领域专门法律，向各级政府部门提出明确要求，要统筹规划公共数字文化服务建设。文化部于 2017 年印发的《"十三五"时期公共数字文化建设规划》，从服务内容、服务质量、供给方式等环节对公共数字文化服务制定了细致且全方位的规划和要求，提出了公共数字文化服务未来发展目标及应达到的标准。诸多政策共同推动着我国公共数字文化服务从无到有、从有到精。

对公共数字文化服务政策的相关研究主要集中在政策内容、政策发展现状以及政策效果评价等方面。吴丹和张书田（2021）以融合创新为视角，从宏观管理、建设实践、运行保障三个方面分析解读我国公共数字文化共建共享阶段的政策内容。朱益平等（2022）认为，政策分析理论、政策扩散理论、政策工具理论、文献计量理论等理论常被用于分析公共数字文化服务政策，并取得了一定的研究成效。在研究内容上，对于公共数字文化服务的研究成果颇丰，主要集中在体系建设、资源整合方式、技术支撑和服务效能等方面，偏向于对政策效果评价的研究，而对政策文本的分析多以宏观阐述和中外对比为主，对政策文本进行纵向历史的研究还存在不足。在研究方法上，对于政策文件的研究已具备科学的理论框架和明确可行的方法论工具，但现有的政策工具划分方式大多是根据理论模型中的概念进行的，结合我国的政策环境和政策话语特点来细化分析指标可能会取得更好的效果。

1996～2021 年，我国公共数字文化服务政策发文数量存在较明显的阶段性变化。2006 年之前，年发布政策数量总体较少，大多是一年一两份，往后几年至 2010 年每年数量略有增加，但几乎不超过 5 份，直至 2011 年、2012 年大幅度增加，随后三年发生大幅度下降，2016 年升至新的峰值，2018 年后下降，2021 年略有增加趋势。以全国人民代表大会颁布的国民经济和社会发展五年规划纲要为起点，各级党政部委相继跟进相关政策的发布，政策发布数量呈现年度周期性增加和回落，累计发文量保持逐年增加态势，且增长幅度趋于平稳。根据资料收集情况可分为以下四个阶段：

1. 探索起步阶段（1996~2005 年）

该阶段处于改革开放和社会主义现代化建设事业关键期，我国文化事业的发展迎来了良好机遇。图书馆、博物馆、文化馆和文化站等公共文化服务基础设施的建设力度加大，未成年人文化事业、少数民族文化事业、文学艺术事业等进一步发展，高新技术使得群众文化活动进一步丰富。这一时期政策的主要侧重点在于进行政策的调试，以文化部（现已改制为文化和旅游部）为主的部门针对公共数字文化服务过程中存在的现象和问题，以引导为目的，发布规划性文件、约束性文件。

2. 体系初建阶段（2006~2011 年）

在该阶段，"公共数字文化建设"的概念被正式提出，2011 年文化部、财政部出台《关于进一步加强公共数字文化建设的指导意见》，其中明确公共文化服务中数字文化建设成为"十二五"时期的重要战略任务，相关政策进一步扩大了辐射面，涉及不同地区、不同民族发展。①对农村地区和少数民族地区做出了细致化的规划部署，公共数字文化设施建设进一步改进，以大型公共文化设施为骨干，以社区和乡镇基层文化设施为基础，优先安排关系人民群众切身文化利益的设施建设。②以文化信息资源共享工程、数字图书馆推广工程和公共电子阅览室建设计划为主的三大文化惠民工程，基层和少数民族公共数字文化服务建设继续推进，并进入深化发展阶段，对数字图书馆、数字文化馆、数字博物馆等管理也进行相应的规划部署。③创建示范区或开展试点项目，充分发挥示范、带动作用，总结经验，因地制宜推动各地区基层文化建设，推动公共数字文化服务体系建设科学、可持续发展。④不同地区、不同民族文化产业初具规模，文化体制改革不断深化，文化事业持续健康发展，国内地区间及国际对外交流不断加强，社会主义先进文化建设得到进一步加强。

3. 深化发展阶段（2012～2017年）

该阶段既是国家全面建设小康社会的关键时期，也是促进文化又快又好发展的关键阶段。①持续发展基础平台的建设，加快现代科技应用步伐，搭建公共数字文化服务的新平台，完善基层公共文化设施网络，提高数字化信息服务、公共数字文化资源共享等水平。②政府向社会力量购买公共文化服务机制不断建立健全，并从多重途径鼓励和支持社会力量参与公共数字文化服务体系建设，以便更好地保障公众文化权利和满足公众文化需求。③国家倡导和鼓励开展文化志愿服务，构建互联互通的公共数字文化服务网络，更好地改善公共数字文化服务体系的社会服务功能和社会效益。④科技力量带来文化资源的信息化、数字化、网络化进步，技术手段愈发先进，辐射范围愈发扩大，民众的文化权益和文化需求愈发强烈。

4. 改革创新阶段（2018年至今）

在该阶段，国家高度重视公共数字文化服务方式的多元化，政策规划频出，技术手段更加先进，公共数字文化服务政策不断完善，综合配套政策日趋成熟，受众范围继续扩大。①文化科技融合。文化与云计算、大数据、人工智能等现代科技的融合，创新了公共数字文化服务业态，促进公共数字文化工程转型升级。②服务效能提升。社会力量参与渠道进一步拓宽，打破信息壁垒，实现共建共享，服务效能显著提升。③文化遗产保护。我国的文物资源不断丰富、文物保护共识不断深化，文物"活"起来不断拓展，文物工作更好融入经济社会发展。

第三节　公共数字文化服务发展的时代要求

2021年，文化和旅游部、国家发展改革委与财政部联合发文《关于推动公共文化服务高质量发展的意见》，明确提出推动公共文化服务高质量发展，是进一步深化文化体制改革，发展社会主义先进文化的重要任务，也是让人民享有更加充实、更为丰富、更高质量的精神文化生活，保障人民群众基本文化权益，满足对美好生活新期待的必然要求。

一、公共数字文化服务的发展制约

虽然我国各级政府部门在公共文化服务数字化建设过程中取得了一定成绩。但是，对照人民群众对美好生活需要，以及与公共文化服务高质量发展和建设社会主义文化强国要求相比，仍然存在一定差距和不足。张志平和李伟刚（2022）总结了我国公共数字文化服务数字化建设的现实困境，主要包括以下三个方面：

一是数字化平台共建共享水平较低，从 2002 年的"文化共享工程"，到 2011 年以三大惠民工程为主的"公共文化数字建设"，再到 2017 年"国家公共文化云"建设，我国公共文化服务数字化建设走过了近 20 年历程，对于普及公共文化服务起到了至关重要的作用。但是，韦楠华和吴高（2018）指出，以"国家公共文化云"的数字化平台仍然以图书馆系统为主，在跨系统平台建设，以及资源标准化建设两方面仍然存在差距，缺乏统一有力的宏观调控机制，对跨系统数字资源共享共建配套措施不明确，难以形成统一的公共文化数字服务平台。

二是数字化资源供给主体较为单一，在实践过程中政府大包大揽"办文化"的现象较为普遍。"强政府、弱社会"的资源供给格局仍然存在，使得数字化资源供给主体较为单一，进而造成高质量资源供给不足及社会主体参与方式单一两方面困境。主要是基层政府部门主导的政府购买公共文化服务，对公众的真实需求把握不准，出现购买资源与社会公众现实需求、社会文化发展水平脱节现象，公共文化资源供给整体效用大打折扣，数字资源整合的全面性仍相对薄弱（程华，2021）。完颜邓邓和卞婧婧（2020）认为，现阶段社会主体参与数字资源供给的方式仍然以政府购买和社会化运营管理两种方式为主，兴办实体、赞助活动、捐赠产品等其他方式仍较为少见，制约了社会主体参与数字化资源供给的广度和深度。高质量资源供给不足即文化产品提供不足，无法满足人民在精神层面对美好生活的需要；社会主体参与方式单一，降低了公众对公共数字文化的热情。

三是数字化治理能力有待提高，与人民群众对公共文化服务的需求相比，我国基层数字化治理能力仍然存在一定差距。黄巧婧（2021）总结了我国数字化设施建设成效，认为公共数字文化资源更新缓慢，可链接网络资源较少，互联互通水平较低，直接影响服务质量，给公众使用公共文化设施带来不便；在数字化运营服务上，缺乏"移动优先""互联网+公共服务"的互联网思维，对公共文化数字化运营机制创新不够，有碍于文化之间的交叉融合。

二、文化服务现代化的公共要求

党的二十大报告指出，中国式现代化是物质文明和精神文明相协调的现代化，物质富足、精神富有是社会主义现代化的根本要求。中国式现代化是全体人民共同富裕的现代化，共同富裕是物质生活和精神生活都富裕，可以说，中国式现代化的一个突出特色就是人民精神生活共同富裕。党的二十大报告在谈到中国式现代化时强调，中国式现代化是人口规模巨大的现代化、全体人民共同富裕的现代化、物质文明和精神文明相协调的现代化、人与自然和谐共生的现代化、走和平发展道路的现代化。物质文明和精神文明相协调的现代化中精神文明的现代化其实就是文化的现代化，一个没有文化现代化的国家很难达到精神文明的现代化，精神文明的现代化是中国特色社会主义的应有之义。

文化现代化包括文化生活现代化和文化内容现代化。何传启教授及中国现代化战略研究课题组提出了文化内容现代化的创新概念，但文化现代化不能简单地理解为从传统文化向现代文化转型，而是既包含着传统文化向现代文化的转型，也包含着现代文化的形成、发展、转型以及参与国际互动、传播的复杂过程，包含着文化和现代化的动态发展过程（贾淑品，2022）。中华民族在传承自己优秀传统文化的同时也吸收了其他优秀文化，海纳百川、吸纳包容，随着时代的发展不断发展，故而经久不衰，传承至今。

"中国式文化现代化"的概念由中国式现代化衍生得出，体现了精神共同富裕的使命。"丰富人民精神世界"是中国式现代化的本质要求，是中国式文化现代化的基本使命。当前中国式文化现代化就是在马克思主义指导下，创造性转化和创新性发展中华优秀传统文化，继承和弘扬革命文化，积极吸纳外来优秀文化，不断发展中国特色社会主义先进文化，核心是文化内容的现代化。在文化内容现代化过程中，数字化是现阶段最重要、最有效的促进方式，而且主要表现为数字文化产业方式。从文化现代化到中国式文化现代化，都对公共文化服务的数字化提出了新的要求，也是公共数字文化所面临的困境，是人民精神生活共同富裕实现征途上的挑战。

三、新时代的新要求

公共数字文化应该如何推进中国式现代化、发展中国式文化现代化、满足人民对美好生活的需要从而实现精神生活共同富裕，公共数字文化服务面临六个新要求。

（一）坚持和加强党的全面领导，确保公共文化治理朝着正确的方向前进

王慧莹和田芝健（2022）指出公共文化作为一种全民性、公益性和价值导向性的文化形态，必须坚持和加强党对我国公共文化事业的全面领导，以确保各方主体在党的领导下各司其职、协同配合、步调一致向前进，形成推动精神生活共同富裕的强大治理合力。发挥党"总揽全局、协调各方"的优势，强化我国公共文化治理的系统性与协调性；发挥党的领导的凝聚整合优势，构建党的全面领导下有序高效的现代化公共文化治理体系。

（二）以高质量发展为主题，增强人们的文化获得感、幸福感，稳定可持续的公共文化治理体系

公共数字文化服务面临城乡差异和发展鸿沟，要因地制宜：在城市，充分运用数字化建设，通过科技赋能提升人民对公共数字文化服务的

满意度，强化公共数字文化的"现代化"特征，满足人民对公共文化的巨大需求；在农村，解决公共数字文化的供需不匹配的问题，加强公共文化基础设施建设，提高公共数字文化服务的效能和水平，满足全体人民对精神生活的美好需要。运用数字技术整合文化资源，为人民群众提供多样化、精准化公共文化服务，已成为我国公共文化服务高质量发展的重要途径。

（三）突破制约因素发展

以党的十九届五中全会"着力固根基、扬优势、补短板、强弱项"，"统筹发展和安全"为遵循，着力突破公共文化数字化建设"全国一盘棋"诸多基础性制约因素。公共数字文化服务平台的建设貌似打破了"信息孤岛"，其实是以网络方式延续了陈旧的"信息孤岛"。全国各级各类各行各业均建有大而全、小而全的平台，迫切需要科学发挥中央、地方、社会、市场多元积极性建设全国统一的公共文化数字化服务平台（陈慰和巫志南，2021），加快推进从城市到区域、从区域到全国的公共文化数字化整合，逐步形成全国一体、通用集成、均衡供给的公共文化数字化大平台。

（四）注重均等化，协调城乡、中西部地区的发展

我国由于经济发展水平的差距，信息基础设施建设的差距较为明显，公共数字文化工程的服务网络建设还不够完善。公共数字文化要以人的全面发展、全体人民共同富裕取得更为明显的实质性进展为目标，促进公共数字文化服务均等化要特别关注特殊群体的需求，如儿童、老年人、留守妇女等，调动各个群体的积极性；重视农村基层服务网点的建设，加快实施互联网普遍接入政策，弥补"数字鸿沟"问题；加强地方工程项目建设的合作，探索合作共建模式，实现优势互补，推动地方资源均衡发展，缩小城乡、中西部的差距（肖希明和完颜邓邓，2016）。

（五）不断提升公共文化服务数字化水平

优化基层公共数字文化服务网络，大力增强人民群众数字化时代精神文化获得感；提出发展数字化文化消费新场景，线上线下融合，满足新的文化需求；加快文化产业数字化布局，推动传统文化业态升级，创新呈现方式，加快文化产业结构调整，培育一批新型文化企业，提供更为丰富的

新型文化产品。还要高度重视文化安全，"把文化安全与军事安全和社会安全一道列为国家安全的保障"，防止国内外数字文化产业的兴起对价值观的冲击，加强文化数据安全保障、加强文化数字化全链条监管等任务举措，从技术上有效维护文化安全。

（六）进一步强化社会参与

从法律方面着手，不断完善社会主体参与公共数字文化服务的法律保障，明确社会主体的行为范围、责任边界，专门出台政策或法律细则，提高社会力量参与的积极性；各地政府要为社会力量搭建参与平台，制定相关流程与规范，保障社会主体参与的公平性、专业性；培育公共文化服务社会承接组织，鼓励更加多元化的社会力量参与到公共数字文化产品开发，促进提供主体和提供方式的多元化发展。

党的十九届五中全会指出的推动公共文化数字化建设，直接关系文化强国建设、关系全社会文化民生发展的大问题。近年来，国家积极构建现代公共文化服务体系，不断推进均衡化、标准化和高质量发展，让广大城乡居民享有更加充实的精神文化生活，更好地参与社会主义先进文化，大力夯实中国式文化现代化基础，公共文化数字化建设成为最重要的基本力量与促进方式。文化数字化作为数字科技与文化相结合的产物，体现了文化现代化的发展趋势，在多年实践探索与理论研究基础上被上升为国家战略，与百年中国式文化现代化历程一脉相承，旨在更快更好地推进巨大规模人口文化现代化、促进文化治理现代化和维护文化安全、丰富新时代人民精神世界，实现人民精神生活共同富裕。

第四节　本章小结

本章总结了众多学者对公共文化服务的定义和特征，从新中国成立直到中国步入新时代所发布的政策出发，将公共文化服务的发展历程分成四个阶段，分析近年来公共文化研究的侧重点与热点之一是数字化。公共数字文化服务是公共文化服务的数字化形式，是公共文化服务的组成部分，是时代发展的需要，有助于推动公共文化服务建设，更好地保障人民公共文化权益。通过对公共数字文化的内涵、特征及其发展历程介绍，结合公共数字文化的可及性、用户行为和服务资源的内容等，分析公共数字文化服务面临的困境，在新时代"中国式文化现代化"的发展对其提出了新的要求，为发展公共数字文化服务促进中国式现代化，从而实现人民精神生活共同富裕提供实践基础。

第三章

新时代精神生活共同富裕与公共数字文化服务的理论关联

　　习近平新时代中国特色社会主义理论明确提出，实现共同富裕是党的根本目标，其中包括物质生活和精神生活的共同富裕。在这一理论框架下，精神生活共同富裕被赋予重要使命，旨在推动全体人民在思想观念、文化认同和精神愉悦上取得共同繁荣。新公共服务理论强调通过公共服务满足人民多层次的需求，包括精神层面的需求。公共服务的提供不仅应关注物质方面，更要关注文化、教育、精神层面的需求，以促进社会公众的全面发展。在实现共同富裕的过程中，公共服务扮演着关键角色。同时，马斯洛需求层次理论提出了人类需求的五个层次，其中包括生理需求、安全需求、社交需求、尊重需求和自我实现需求。精神生活共同富裕和公共数字文化服务可以满足人们在社交、尊重和自我实现层面的需求。在这么多的理论背景下，公共数字文化服务成为实现精神生活共同富裕的有力工具。通过数字化手段，可以更广泛、高效地传播文化信息，推动文化的创新与传承。这不仅有助于满足人们对多元化、个性化精神生活的需求，也促进了社会主义文化的繁荣与发展。

第一节　精神生活共同富裕的新时代维度

一、习近平新时代中国特色社会主义思想理论指导下的精神生活共同富裕

2021 年 8 月 17 日，在中央财经委员会第十次会议上习近平总书记指出，共同富裕是社会主义的本质要求，是中国式现代化的重要特征，这一历史性重要论断，全面开启了新时代迈向共同富裕的新的历史进程，标志着"先富"机制向"共富"机制的重大历史性转变。这里的共同富裕并非仅限于物质生活，习近平总书记指出，我们说的共同富裕是全体人民共同富裕，是人民群众物质生活和精神生活都富裕、促进人民精神生活共同富裕是新时代中国特色社会主义重大理论创新，尤其丰富了中国特色社会主义深刻内涵，确立了社会主义现代化文化强国建设的前进方向，也指引着新一轮文化改革创新紧紧围绕引领全体人民物质生活和精神生活共同富裕协同推进展开新一轮跨越。在共同富裕创新理论指引下，原先处于总体向上向富抬升过程中的区域、城乡、群体之间暂时性、相对性物质生活和精神生活水平差异，有望在新时代发展的新格局中逐步缩小至合理区间。

结合习近平新时代中国特色社会主义理论思想，习近平总书记坚持中国共产党人的共同富裕观，进一步从战略高度和社会主义全局来认识共同富裕，不断提升物质富裕和精神富裕的理论认识水平，这些理论知识深刻阐述了新时代实现共同富裕的战略定位，丰富拓展了共同富裕的科学内涵，明确指出了新时代实现共同富裕的路径方向，发展完善了中国共产党的共同富裕观，不断推动马克思主义共同富裕理论的中国化、时代化。在马克思主义共同富裕论下，习近平总书记指出，要促进人民精神生活共同

富裕，强化社会主义核心价值观引领，不断满足人民群众多样化、多层次、多方面的精神文化需求。共同富裕不仅是全体人民的物质生活富裕，更是人民群众的精神生活富裕。实现人民精神生活共同富裕是走向共同富裕不可或缺的重要组成部分，也是实现中国式现代化的重要目标。

在习近平新时代中国特色社会主义理论指导下强调的共同富裕是人的全面发展的共同富裕，是全体人民精神的共同富裕，全体人民对公共数字文化服务发展内容的满意程度和认可程度，成为了客观标准与主观感受相结合的判断标准，为推进共同富裕实践提出了更高要求。不仅如此，习近平总书记在论述共同富裕时始终强调机会平等和权利保障的重要性，提出让每个人获得发展自我和奉献社会的机会，共同享有人生出彩的机会，共同享有梦想成真的机会，保证人民平等参与、平等发展权利，创造出更多的附加值，从社会公平正义层面拓展了共同富裕的理论内涵。此外，习近平总书记主张推动世界各国共同发展进步，实现中国与世界的共同富裕，提出世界长期发展不可能建立在一批国家越来越富裕而另一批国家却长期贫穷落后的基础之上。各国和各国人民应该共同享受发展成果。每个国家在谋求自身发展的同时，要积极促进其他各国共同发展。共同营造人人免于匮乏、获得发展、享受尊严的光明前景，跨文化交流彰显了习近平总书记共同富裕的人类命运共同体意蕴，进一步拓展了精神生活共同富裕的理论内涵。

二、精神生活共同富裕的三个层次

精神生活富裕是与精神生活贫困相对应的概念范畴。精神生活贫困是指某一社会群体或个人的思想道德素质、文化知识水平、价值观念、价值取向、风俗习惯、思维方式和行为方式等观念系统整体落后于社会主要物质生产方式，难以对物质生活和社会进步提供正向影响和支持的总体性心理状态；它是由于物质贫困、教育缺失、观念陈旧、文化传统落后、片面的认知系统等多种因素共同作用所导致的社会主体（族群或个体）价值观念系统保守、封闭、落后和科学观念缺失的状态。而精神生活富裕则与之相反，是指族群或个体因物质生活相对丰裕、教育健全、观念和文化传统开放与认知系统科学等因素促成的积极和开放的总体性心理状态，能够对物质生活和社会进步提供正向的影响和促进作用的精神文化状态。

早有学者对精神生活共同富裕做出了不同侧重的定义。所谓精神富裕包括先进科学和健康向上的世界观、人生观和价值观、理想信念、伦理道德、思维智慧、科学技术、文化艺术及语言等精神条件和精神素质的拥有，精神生产的不断优化，社会精神产品的不断丰富，社会成员思想道德水准不断提高，拥有充裕的精神财富，即所谓精神富裕（金太军等，1998）。汪青松（2011）从可测量的角度开展了研究，认为精神富裕主要是反映和衡量主体（个人、政党、民族、群体、社会等）基于一定的社会物质生产方式基础之上，在精神生产和精神生活领域中，对各种精神要素资源（思想道德、文化艺术、教育科技、知识水平、意识观念、价值取向、理想信念、风俗习惯、思维与行为方式等）选择、追求、创造的能力及意愿，以及在此过程中展现出的正面而积极的精神满足、享受、发展和超越程度的哲学范畴。他将精神富裕划分为三个层次：从精神富裕的不同主体来看，精神富裕可区分为社会的精神富裕、团体（群体、组织）的精神富裕和个体的精神富裕。社会的精神富裕是对民族国家整体精神文化状态（如朝气蓬勃或暮气沉沉）的总体反映，团体的精神富裕又可以概括为职业团体、地域团体、政治团体、学术团体和宗法团体等的精神富裕程度。

燕连福（2022）进一步从宏观、中观和微观三个层次开展研究，认为精神生活富裕反映在国家层面上，主要是指族群享有较丰富的精神文化生活、精神文化需求较好地得到满足的整体性状态，总体体现为民族（族群）的较高思想道德水准、科学文化素养、自信开放的心态、积极向上的行为方式和文化创新创造活力，也表现为民族（族群）得到完全保障和充分实现的幸福感、安全感和归属感等积极的心理体验和精神世界样态，既包括集体的心理状态，也包括个体的心理状态。

因此，所谓精神生活共同富裕，是指国民个体在追求文化生活、审美情趣、自我价值、科学知识和群体认同的过程中所获得的较好的公共文化资源保障和所享受到的相对公平的机会。在某一特定的民族国家范围内，则体现为国民个体相对公平地和相对平等地获得精神生活所需要的各种资源以及文化参与和文化创造的各种机会，集中体现为一种基于个体文化权利之上的文化获得、文化参与、文化享受与文化发展机会上的丰富和平等。

围绕精神生活水平的测度研究主要聚焦精神生活提升的三个层次，即精神生活、精神体验和精神信仰。其中，精神生活主要涉及文化消费、文化活动参与、文化创造等方面，精神体验主要涉及民众安全感、获得感及幸福感，精神信仰主要包括价值观状况和信仰状况。但由于精神生活存在主观性与内隐性，精神生活共同富裕的测度也需要把握其主观性，现有研究主要采用主客观相结合的方法（魏泳安，2022）。精神生活中的消费度、参与度及创造性相对客观，可以采用客观性的方法，而精神体验和精神信仰衍生出的情感、责任、荣誉、认同、尊严、理想、道德等精神生活要素，则易于采取主观性测度方法。

从物质生活层面出发，精神生活共同富裕的测度必须坚持唯物史观的根本立场和方法论，从物质实践出发来理解繁芜复杂的精神生活景观。正如精神生活无法脱离物质"纠缠"，精神生活共同富裕也无法脱离物质生活共同富裕而单独立论。因此，精神生活共同富裕的测度需要综合考量居民就业和收入水平、人力资本、社会交往、社会保障、卫生健康等要素，从物质生活情境中发掘精神生活的影响因素，尤其是需要从现实生活中把握实现精神生活共同富裕存在的问题和不足。同时，从社会精神生活领域来看，作为一项公共政策的精神生活共同富裕也具有一定的客观性，这主要涉及社会精神资源的总供给以及全体人民能够相对公平地获得精神文化资源和文化发展机会的程度，具体可以从文化经费、文化设施、文化产业、文化特色活动、文化发展机会等方面来细化。对公共精神文化资源的投入与分配情况的测度，也在一定程度上能反映精神生活共同富裕的推进状况和存在的政策短板。

究其本质而言，无论是在物质方面还是在精神方面，首先必须保证底层基础，即先得"有"，再谈论"好"，最后考虑是否"行"。所以，要实现精神生活共同富裕的全方位测度，应当兼顾精神获得、精神体验、精神信仰三个维度。但由于对精神生活测度的研究较少、测度实施较为困难，现有研究尚未提出较为完善的测度框架体系。精神生活共同富裕的测量刻度原则与物质基础的原则其实是相通的，精神上的吸收与食物消耗同样能够使人感受到富有，对于需求的满足同样有层次性，可以借鉴马斯洛需求理论分析精神生活共同富裕的内在逻辑关系。

三、马斯洛需求理论下精神生活共同富裕的五层途径

亚伯拉罕·马斯洛（Abraham Harold Maslow，1908—1970），美国社会心理学家、人格理论家和比较心理学家，人本主义心理学的主要发起者和理论家。马斯洛认为，人类价值体系存在两类需要，一类是沿生物谱系上升方向逐渐变弱的本能或冲动，称为低级需要和生理需要；另一类是随生物进化而逐渐显现的潜能或需要，称为高级需要。马斯洛在 1943 年发表的《人类动机的理论》① 一书中提出了需要层次论。该理论的核心包括三个基本假设、五个需求层次。而五个人类需求层次由下到上分别为生理需求、安全需求、社交需求、尊重需求和自我实现需求，这与人类精神文化的最终目的是不谋而合的。与之相对应的是精神获得、精神体验、精神信仰三个层次可以由高到低再拆分为文化获得、文化享受、文化参与、文化发展以及最后的文化创造五个途径。

精神生活共同富裕的五个文化层次如图 3-1 所示。将提高精神供给的最初形态暂且抛开，文化质量至少需要满足可获得性，也就是文化获得，这也是众多学者在针对公共文化服务研究较多的领域；其次是对于所获取的文化进行吸收消化，这一个阶段可以称之为文化享受；最后就是人们将所获取并吸收的文化进行输出，进行人与人之间的分享，扩大了彼此

---

① 英文名：*A Theory of Human Motivation Psychological Review*。

的社交圈，人的精神境界在这个层次得以提升，极大地改善了之前的文化状态，并且通过文化的学习找到更多志同道合的朋友，形成良性循环，实现更多的人参与文化。以上三个层次按照马斯洛需求层次理论属于人的文化追求的一个基本需求，而后是进阶文化创造和文化发展。依据马斯洛需求理论在满足人类的基本需求后会想要实现被尊重以及自我实现的价值体现，那么从精神文化层面来看，人们通过之前的文化汲取、吸收、交流会产生想要被认可的欲望，而这些亦会促使大家想要去获得更多的文化产品或者文化服务，这是一个蝶变的过程，人的精神在这个层面得到了质的改善，并且也会向更好的方向发展，这个阶段可称为文化发展。最后一个阶段是最终的自我实现也叫作文化创造，在这个阶段里，人人都不再只是一个独立的获得者，而是进化成了文化的创造者，自我价值得到了实现，也是精神满足最高的境界，这也正是文化所能带来的极有意义的发展效果。

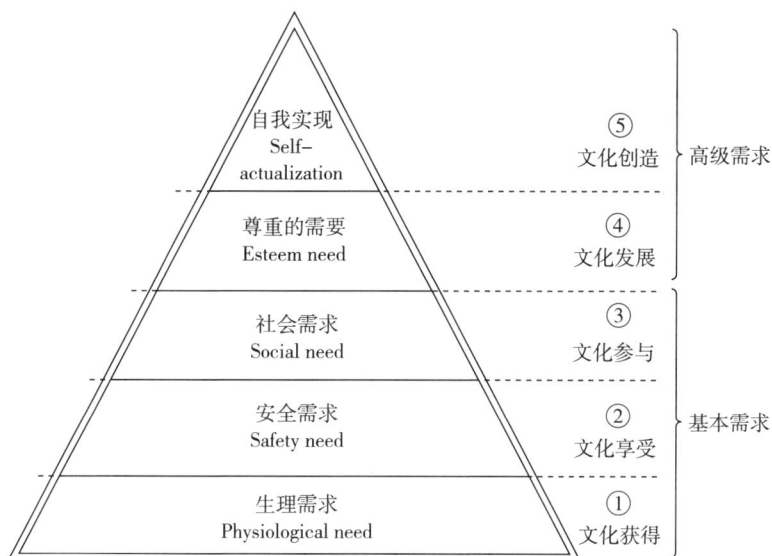

图 3-1 马斯洛需求理论下的五个文化层次

第二节　新公共服务理论下的公共数字文化服务内在体系

一、新公共服务理论下的公共数字文化服务

20 世纪 80 年代以来，发源于英国的新公共管理运动随着西方国家"政府重塑"运动的进行而兴起与发展，对包括中国在内的许多国家的行政改革产生了深刻影响。然而，随着公共行政的发展与公民权利意识的不断增强，主张将企业家精神引入公共行政的新公共管理理论弊端逐渐显现。基于对新公共管理理论的反思与批判，强调为民服务、提倡公民参与的新公共服务理论应运而生。"新公共服务"（New Public Service）一词是由美国亚利桑那州立大学公共事务学院教授罗伯特·B. 登哈特（Robert B. Denhardt）和珍妮特·V. 登哈特（Janet V. Denhardt）夫妇共同提出的，在《新公共服务：服务，而不是掌舵》① 一书中进行了详细分析，对当今公共服务领域产生了深刻影响。新公共服务理论是在民主公民权、社区与公民社会、组织人本主义及后现代主义四个思想来源的基础上建立的一种更加关注民生价值和公共利益，更加适合公民社会发展和公共管理实践需要的新理论。

登哈特夫妇在其著作中将该理论细分为七个要点，指出新公共服务应遵循的七个原则：

（1）政府部门提供的是服务而不是掌舵。突出政府的职能是为社会发展提供服务而不是掌舵，即公共管理者应该帮助公民表述和实现其共同的

---

① 英文名：*The New Public Service：Serving，Not Steering*。

利益，而不是作为控制者实现公共利益。

（2）政府部门追求的目标是公共利益最大化。公共服务机构的责任是公共利益最大化，要以公民的利益优先，社会长远的发展不能只依靠政府或行政责任人，政府在这期间的作用应是将公民聚集在无约束的环境中商议社会可选择的发展方向。

（3）政府部门的思考要有战略性，行动要有民主性。新公共服务主张通过集体民主的努力协作，才能有效地贯彻和执行符合公共需要的政策和计划，公民在参与计划和政策的过程中可以被激发出自豪感和责任感。

（4）强调政府是为公民提供服务，对象是公民而不是顾客。新公共服务理论认为公民和政府的关系不同于企业和顾客，顾客的需求有先后区分，有不同利益划分，而对于公民，政府必须一视同仁地提供无差别的服务。

（5）政府部门的责任并非单一的。新公共服务理论要求提供公共服务部门关注各种政治法律、社会属性、公民利益和职业标准等而并非单一地关注市场。

（6）服务要重视对人的管理而不仅仅是生产效率。新公共服务理论十分重视人的管理，要求管理者善待公民，同时管理者也需要被管理机构所善待。

（7）重视公共事务和公民权。公共管理者不是管理单位及业务项目的所有者，要重视公共事务管理，因为政府是广大公民共同所有的。

新公共服务理论把生产力和效率放在社区、民主和公共利益等广泛的框架体系中，更关注民主的价值和公众的利益，新公共服务理论的提出顺应了现代社会的管理和实践所需后所呈现的理论选择，结合了传统的公共行政精华，认同新公共管理理论在公共管理中的作用，对于建立以公共利益为基础的公共行政服务有促进作用，其对于当时占据主要地位的管理主义形式的行政模式和传统公共行政理论都有一定的替代作用。

公共文化服务是公共服务的重要组成部分。近年来，随着社会的进步和公民文化权利意识的增强，社会对公共文化服务的需求日益迫切。而随着数字时代的到来，数字赋能公共文化服务更好地满足公众的需求在不断增加。为响应这一社会需求，各种不同类型的公共文化服务机构都积极开展公共数字文化资源建设和服务，政府需要更致力于对分散无序、相对独立的数字资源与服务进行整合，为公众提供更加方便、快捷的服务。肖希明和曾粤亮（2015）结合我国政府管理的现实，将新公共服务理论归纳为五点：

（一）以公民为服务对象，重视公民权

新公共服务理论强调其服务对象为全体公民。新公共服务理论将公民定义在更广泛社区环境中责任的承担者与权利的享有者。政府机构应在法律和责任的约束范围内努力为公民提供尽可能优质的服务。在新的时代背景下，"以人为本""用户至上"等理念越来越得到重视。政府行政与服务应从公民的角度出发，切实保障公民利益，借助财政支持，提供可靠、公正和便利的服务。此外，公共服务理论把用户参与作为实现公民权的重要途径。一方面，公民参与公共服务能增强政府服务的透明度，便于公民更加了解其所关注事项的情况，从中拓展认知面，使需求利益得以满足。另一方面，用户参与有利于政府及相关部门洞悉公民需求，有利于改进公共政策，推动政策执行，增强政府公信度，更好地为人民服务，体现新型合作关系。

公共数字文化服务以公民为服务对象，始终将重视公民权利作为核心价值。公共数字文化服务不仅是为了满足公民的文化需求，更是致力于保障公民在数字文化领域的权益和自由。服务提供者将公民视为参与者和合作者，鼓励他们参与数字文化资源的创作、评估和共享过程。政府和公共机构通过提供这些服务，旨在促进文化的传承、传播和共享，加强社会的文化认同感和凝聚力，确保每个公民都能平等地享受，服务能真正满足公众的需求和期望。通过重视公民权，公共数字文化服务能够更好地服务公众，提升社会文化水平，促进文化传承与创新，增进国家和社会的文化软实力。

（二）以追求公共利益为目标

新公共服务理论强调，政府的职责是"服务"而非"掌舵"，是基于共同价值的公共领导，致力于帮助公民明确表达需求，满足他们的公共权益。"领导"已不再被视为政府官员的特权，而被当作扩展到整个组织乃至全社会的一种公共职能。相应地，政府应当转变传统理念，以服务大众为宗旨，将自身视为人民的公仆，为公共利益服务。

公共数字文化服务的目标是追求公共利益。这种服务由政府或公共机构提供，旨在满足公众的文化需求和利益，强调公民的权利和福祉。通过提供广泛的数字化文化资源和服务，如文化遗产的数字化保护、数字图书馆、数字档案馆、数字艺术品展览以及数字化文献等，促进文化的传承、传播和共享，以及增强社会的文化认同感和凝聚力。公共数字文化服务将公众的利益置于首位，遵循平等、开放和共享的原则，努力满足多样化的文化需求，并鼓励公众参与文化创造和交流。公共数字文化服务的宗旨是通过文化的力量，促进社会的进步与共荣，并提升国家和社会的文化软实力，以造福公众和社会整体。

（三）强调服务的理念

新公共服务理论追求公共利益旨在通过建立共同的、集体的利益观，形成共同的利益与责任，使公共服务得以畅通有效执行。一是政府从道德和责任的角度出发，建立公平机制，通过相互接触、及时回应、达成妥协，确保执行方案民主、公平、公正，不仅有效改进社会问题，而且从根本上形成更长远而广泛的集体意识和公共利益意识。二是增强公民对政府的信任，相信政府正为响应公共利益而积极行动；同时，要自觉培养公民意识，提高社区对话与参与的积极性。

公共数字文化服务致力于利用数字化技术和文化资源，促进文化的传承、创新和共享，以服务公民，增进社会文化的繁荣和发展。同时，坚守公共利益导向，推动文化的多样性和包容性，让更多人能够从中受益，共同构建一个富有活力和多元的文化社会。

（四）明确责任的复杂性与重要性

在新公共服务理论中，公民的中心地位决定了政府角色应该定位为公共利益的引导者及公共服务的使用者。因此，政府应该关注的不仅仅是市场，还应该侧重于公民利益、法律规范、社区价值观及职业标准在内的一系列因素。从政策制定阶段就应该对公民负责，始终贯彻民主、维护公共利益等原则，不管是否涉及复杂价值判断或面临重叠规范都应为了公共利益而为民服务；为公民提供公平、公正的服务，使整个服务过程无阻碍地进行。

同样地，公共数字文化服务通过重视文化保护的复杂性和重要性，来促进文化发展。公共数字文化服务不仅关乎公民个体，还牵涉文化遗产保护、知识传承、教育机构、文化产业等多个方面。因此，服务的责任涉及与各方利益相关者进行有效协调和合作，以此平衡各方需求，保证公共利益的最大化。在数字化服务中，保护和传承各种文化遗产和表达形式的责任至关重要，且文化多样性的维护需要采取措施，确保文化的多元性和包容性在数字化服务中得到体现和推广。此外，公共数字文化服务涉及大量的个人数据和敏感信息，确保公民的隐私权和数据安全是责任的一部分，采取透明、安全的数据处理机制，以保障公众的信任与参与。公共数字文化服务还承担着社会教育与普及的责任，包括将数字文化资源普及到更广泛的人群，尤其是边缘化群体和数字鸿沟中的人们。提升社会教育和数字素养，确保公共数字文化服务的可持续性都需要足够的资源和技术，并建立有效的运营和管理体系，以及持续改进服务的质量和适应性。

总的来说，公共数字文化服务的复杂性在于其涉及多方面的利益和需求，需要权衡各方利益并进行综合考虑。同时，服务的重要性在于促进文化传承、教育普及和社会凝聚力，为社会发展提供有力支持，保护和传承文化遗产，促进文化多样性和包容性，维护公民权益。

（五）提倡新型的管理模式

新公共服务理论力图打破传统的管理模式，政府不再被动地提供服务，公民也不再被动地接受服务，而是致力于形成更加适应社会发展和满足公民需求的运行、组织模式。一方面，政府要确保信息开放、获取便利、政策透明、执行公正并具有及时、高效的回应力；另一方面，公民应积极参与社区建设，加强与政府的互动与合作，明确并且通过正确途径表达自身需求。只有双方共同努力，充分发挥政府和公民双方的主观能动性，才能实现双赢。目前，新公共服务理论提倡的模式包括共享领导权、共同领导以及合作与授权。

公共数字文化服务倡导一种新型的管理模式，它通过文化异构和多主体跨域辅助的方式来支撑文化创造。这种管理模式鼓励不同文化领域、机构和个体之间的合作与协同，以促进创新、多样性和可持续性。新的管理模式通过数据分析和挖掘，了解公众的文化兴趣和需求，从而制定更精准的文化服务计划和资源分配，确保资源的高效利用，提升服务的质量和适应性。引入新的技术，如人工智能、虚拟现实、区块链等，可以改进数字文化资源的管理、展示和交流方式，提供更丰富多样的用户体验，并且鼓励公众参与公共数字文化服务的规划和决策，倾听公民的意见和反馈，增强服务的公众性和参与度。在加强人民与政府互动与合作的同时，与文化机构、学术界、产业界等多方合作，共同推动数字文化服务的创新和发展。公共数字文化服务需要跨越不同部门和机构合作，成立跨界整合的管理团队，以确保资源的整合和协调，增强服务的一体性和协同效应，并研究建立有效的服务评估机制，监测服务的效果和满意度，不断改进和优化，确保服务与公众需求保持同步。这种新型的管理模式能够更好地应对快速变化的数字时代挑战，提高公共数字文化服务的效率和质量，更好地满足公众的多样化文化需求，促进文化的传承、创新和共享。

二、公共数字文化服务的内容体系

公共数字文化服务是公共服务与数字文化相结合的产物。公共文化服务的目的主要是通过政府使用公共资源和公共权力，实现和保障人民群众的公民基本文化权益，并满足其基本文化需求。2011年10月，党的十七届六中全会发布《中共中央关于深化文化体制改革的决定》，公共服务应实现公益性、基本性、均等性和便利性，切实保障人民群众获取公共文化服务的权利。公共文化服务作为公共服务的一种，无论是在文化内容上还是在承担主体上，都应有多元属性才能保证公共文化服务的丰富。所以，政府组织的公共文化活动都应自然有效地融入公民的生活和工作当中，并使两者能够有机结合在一起，在此基础下，公共数字文化服务结合传统公共文化服务的特征以及遵循新公共服务的理论指导，其内在体系构建如图 3-2 所示。

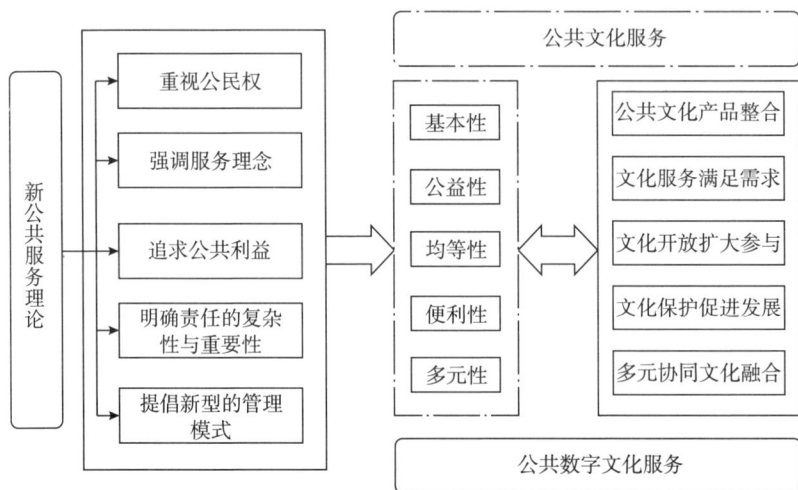

图 3-2　新公共服务理论下公共数字文化服务的结构

（一）打破公共文化产品地域隔离促进广泛整合

公共数字文化服务能够将广泛的文化产品资源整合起来，极大地提高人民群众获取公共文化知识的效率。通过隶属于不同管理部门的各种公共文化服务机构如公共图书馆、博物馆、档案馆、文化馆等，数字化相关资源，并依托信息技术，将各种分散、异构的数字资源进行类聚、融合与重组，使其在同一平台上呈现，通过互联网向社会公众提供"一站式"数字化服务的过程。文化资源的分散、重复可能是各地都存在的问题，公共数字文化服务可以打破地域和时间的限制，让更多人能够享受丰富多样的公共文化资源。

为实现公共数字文化服务的广泛整合，有必要搭建一个统一的数字平台，整合各类公共文化产品，包括文学作品、电影、音乐、艺术品、历史文化资料等，使其易于访问和利用。这个平台可以是一个网站或者应用程序，提供多样化的文化内容和服务。在技术手段上通过建立标准化的数据格式和接口，方便资源的交流和共享，实现公共文化产品的广泛整合。鼓励公共文化机构、科技公司、学术机构和社会组织等多方合作的同时，共同策划和实施数字文化项目，推动公共数字文化服务的发展，共享资源和技术优势，提高整合效果和服务质量。

公共数字文化服务的出现给资源整合带来了极大的便利，整合公共数字文化服务资源使得人们能够更方便地访问和利用这些资源，无须实地前往不同的机构或地点，即可通过互联网轻松获取所需的图书、音乐、电影、博物馆藏品、历史文献等数字文化内容，从而提高了文化体验的多样性。同时，数字文化资源通过整合让种类变得丰富多样，且节约了资源和成本，机构不必单独维护多个独立的物理展厅或实体图书馆，也不需要重复采购相同的数字资源，从而节约了资金和人力资源。不仅如此，通过数字化整合的数据还可以对用户进行更深入的分析和挖掘。对用户行为、需求和偏好习惯等的数据分析，文化机构可以更好地了解用户的偏好和需求，进而提供更加个性化和优质的服务。总体而言，公共数字文化服务资源整合通过提高文化资源的可访问性、多样性和保护性，极大地节省了文化传播的开支，同时科学精准地预测用户的学习行为，提高人们的学习兴趣，对文化传播起到了重要的作用。

（二）提供广泛文化服务满足公众各种需求

公共数字文化服务通过开放、多样化和互动的方式，满足公众对文化资源的及时需求。它可以提供无障碍的访问，让人们自由地浏览和探索丰富多样的数字化文化遗产和艺术品。鼓励用户进行互动，使其能够参与到文化的传承与交流中。这种服务还扮演教育和学习的角色，为人们提供学习机会和知识传播平台。通过可持续的数字化和长期保存，公共数字文化服务确保文化资源的可持续性和可访问性。合作与伙伴关系的建立进一步促进了服务的发展和丰富多样性，以满足公众对数字文化的需求，实现文化的共享与参与。让更多的公众能够享受到文化服务，如今的公共数字文化服务已然进步成"公众点菜，政府上菜"模式，摒弃了以往的单方面供给模式，更多的是能够和公众互动，切实按照需要来满足公众需求。

公共数字文化服务的做法突出了服务的理念，真正让公众做到文化享受，其目标是为公众提供丰富多样的文化服务，以满足他们的需求。提供多样化的文化内容，涵盖不同领域和类型的作品满足不同人群的兴趣和偏好。个性化推荐可以帮助公众发现新的作品和艺术家，并提供更好的使用体验，强调提供互动的文化体验，如在线讨论、用户评论和评分，甚至与其他人分享观点、交流意见，增强参与感和社交性。

通过以上措施，公共数字文化服务可以更好地满足公众对文化的需求，让更多的人能够方便地获取和享受到各种文化服务，丰富他们的生活和文化体验。鼓励用户参与公共数字文化服务的建设和运营，提供用户友好的界面和工具，让用户能够自由地搜索、浏览和享受文化产品。同时，接受用户的反馈和建议，不断改进和优化服务，使其更好地满足用户需求。公共数字文化服务打通和整合广泛需要多方合作、数据共享、用户参与和教育推广等共同努力，更好地满足公众的文化需求，促进公共文化资源的普及和传播。

（三）加快文化开放扩大群众效应

公共数字文化服务的发展可以加快文化开放并扩大群众效应。在数字化时代，公共数字文化服务可以通过互联网和其他数字技术手段向更广大的群众提供文化资源和服务，促进文化的传播与交流。数字文化开放意味着文化资源和内容还有场地以开放、透明的方式提供给公众，无障碍地让人们使用、共享和参与其中。

通过数字文化开放，公众可以自由地访问和探索各种文化遗产、艺术品、历史文献等资源，不受时间和地域的限制。这有利于传统文化机构壁垒的打破，使更多的人能够参与和享受文化。公众可以通过在线平台浏览数字图书馆的藏书、参观在线艺术展览、探索数字档案馆的珍贵文献等，从中获取知识、启发灵感，并与其他人分享他们的观点和体验。数字文化开放还促进了公众的参与和互动，通过数字平台，人们可以留下评论、提供反馈、参与在线讨论，与其他用户交流和共享他们的见解，这种互动性加强了公众与文化的联系，使他们成为文化的创造者、传播者和共同的参与者。公共数字文化服务有助于培养文化意识、推动文化多样性的认可和尊重，促进文化的传承和发展。它为公众提供机会去了解和探索不同文化的表达形式，促进了跨文化的对话与理解，极大地提高了公众文化参与度。公共数字文化服务的追求是通过数字文化开放，实现公众的文化权益和参与，从而丰富社会的文化生活，并为社会带来更广泛的公共利益。

公共数字文化服务可以打破地域和时间的限制，使人们可以随时随地访问和享受文化内容。数字平台提供来自世界各地的文化作品、音乐、电影、书籍、艺术品等，拓宽公众的文化视野，增进其对多样性的理解和包容。传统文化服务通常受制于物理场所的限制，而公共数字文化服务可以将文化资源无限扩展到互联网上，实现大规模的覆盖。群众可以通过电脑、手机等终端设备随时访问数字文化内容，享受文化盛宴。这样一来，文化的传播不再受制于地理位置、时间限制和票务费用，更多人可以获得和参与其中，产生更大的群众效应。

公共数字文化服务还有助于增进各地的文化多样性，并推动不同文化之间的交流与对话。数字平台能展示不同国家和地区的文化，增进不同文化背景的人群的相互理解与交流，形成开放的环境，促进跨文化的合作与创新。数字媒体和互动技术使得文化创作者可以通过数字平台实现更丰富、多样化的文化表达。例如，虚拟现实、增强现实等技术为文化体验带来新的可能性，让人们可以与文化作品进行更频繁的互动，激发创意和想象力。总之，公共数字文化服务的发展可以加速文化的开放和传播，扩大群众对文化的参与效应。

（四）注重文化保护促进传承发展

公共数字文化服务承担着明确的责任，确保文化资源的保护、保存和传承，同时为其数字化和共享创造条件。

保护文化遗产和艺术品是公共数字文化服务的任务之一。通过数字化技术，珍贵的文化遗产可以被数字化保存，以防止时间、自然灾害或人为因素对其造成的破坏。数字化还可以扩展文化资源的可持续性，使其得以长期保存，并能够在全球范围内共享和访问。公共数字文化服务关注文化多样性的保护和促进，它提供了平台和机会，展示不同地域、民族和文化背景的艺术、传统和表达形式，这有助于推动文化的多样性认可和尊重，促进文化的交流、对话和创新。通过对文化保护的重视，公共数字文化服务不仅使文化资源得到了广泛传承，同时也为公众提供了丰富的文化体验和参与机会。

公共数字文化服务可以促进文化传承。许多文化遗产物品如古籍、艺术品等存在脆弱性，数字化可以有效地保存它们的原貌，并避免因时间、环境等因素造成的破坏和丢失。数字化将分散在不同地区的文化遗产整合，形成全球性的数字文化资源库，让更多人能够共享和学习。公共文化资源的数字平台数字图书馆、在线博物馆等，让人们更加便捷地接触到各种文化形式，增进对传统文化的了解和传承。同时，数字技术还能够提供互动式学习体验，使年青一代更有可能对传统文化感兴趣，并愿意参与传承。数字平台让艺术家、创作者和文化从业者可以更广泛地展示和推广自己的作品，与观众建立更紧密的联系。数字技术还可以促进文化创新，形成相互促进的良性循环，传承带动发展，发展保留传承，创造出更具有吸引力和互动性的文化产品和体验，推动文化事业的繁荣和发展。因此，公共数字文化服务在注重文化保护时，也致力于促进传统文化的传承和发展。

（五）多元协同催生文化交叉融合

公共数字文化服务协同政府、社会力量、企业等多方主体，为公共数字文化服务带来保障。多主体协同催生文化交叉融合，为文化的创新和发展提供机遇。

公共数字文化服务协调各个领域专业人士的合作，如文化学者、艺术家、技术专家等，他们的不同背景和专业知识使得文化服务更具多样性和丰富性。跨学科合作为不同领域的文化元素融合提供了机会，艺术家、音乐家、作家等可以在数字平台上分享他们的作品和创意，与其他创作者进行交流和合作，促成了创造氛围。

公共数字文化服务还能促进受众的参与和互动，他们可以提供意见、参与讨论，甚至与创作者直接互动。这种互动促进了不同文化之间的交流与融合，同时也丰富了文化表达的形式和内容，甚至推进受众参与文化创作和推广过程。公共数字文化服务的全球性特点使得跨文化对话成为可能，人们可以通过数字平台了解和探索其他国家和民族的文化，从中获得启发和借鉴。这种跨文化对话促进了不同文化之间的相互理解和尊重，推动了文化交叉融合。

公共数字文化服务的多元协同性为文化交叉融合提供了广阔的空间和机遇。通过数字平台的跨越地域和时间的互动、跨学科合作、平台共享和协作、受众参与和互动以及跨文化对话，不同文化之间的交流与融合得到了促进，推动了文化的创新和发展。通过合作、共享和创新，整合文化资源、促进多主体参与和支持文化创造，为公共数字文化服务的发展和实现文化创造提供了更加灵活和开放的平台和机制。

综上所述，在新公共服务理论指导下，公共数字文化服务的内在结构体现了公共文化服务的多重特征并衍生出新型服务体系，对文化的价值传承和创造传播有着极大的推进作用。

第三节　精神生活共同富裕与公共数字文化
服务的内涵契合

精神生活共同富裕让社会全体成员在精神层面都能够共享丰富多彩、高品质的文化生活，不仅满足基本物质需求，更能够获得心灵的满足和文化的熏陶。公共数字文化服务利用数字化技术手段提供的文化产品和服务，旨在推广文化知识、传承传统文化、创造新兴文化，并让更多的人可以享受到文化的便利和乐趣，两者间的关系是一种供需关系的匹配与契合（见图3-3）。

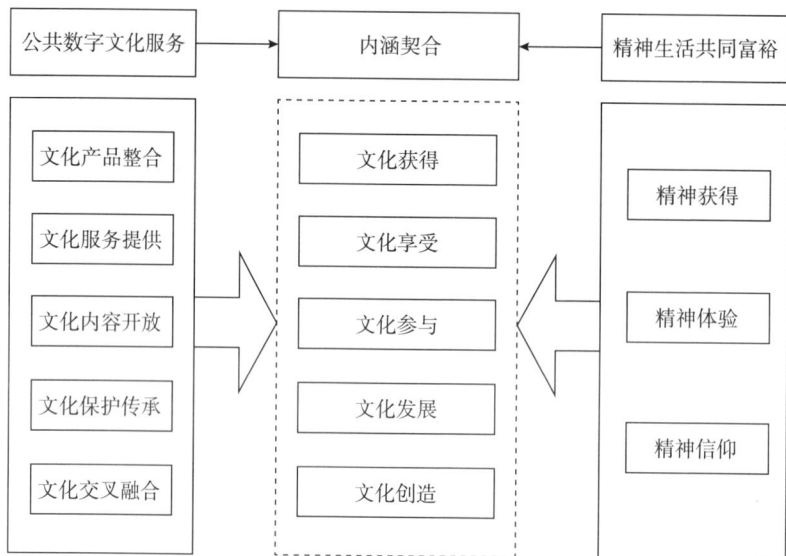

图 3-3　精神生活共同富裕与公共数字文化服务文化契合概念模型

　　在需求端，精神生活共同富裕的追求丰富了公共数字文化服务的需求内容。在现代社会，人们的精神文化需求不断增长，追求更丰富多样的文化体验和文化获取。精神生活共同富裕包含了精神生活、精神体验、精神信仰三个层次，需要通过文化获得、文化享受、文化参与、文化发展和文化创造来实现。公共数字文化服务打破受众的时间和地域限制，使得用户在任何时间、任何地点都能够获得文化产品和服务，更好地适应个性化、多样化的精神需求。在供给端，公共数字文化服务为实现精神生活共同富裕提供了强有力的供给支撑。数字化将公共文化产品资源更好地整合，提供开放、保护传承以及交叉融合等优质服务。数字化技术可以更广泛、高效地传播文化资源。数字图书馆、在线博物馆、数字化艺术展览等公共数字文化平台，将文化知识和文化遗产呈现给更多人，弥补了传统文化服务供给的不足，满足了公众对多元文化体验的需求。

在现代社会中，这两个概念都涉及为公众提供文化内容和资源，以满足他们的需求并促进社会共融，而文化知识的获取能够给人带来精神上无限的富裕。文化在公共数字文化服务和精神共同富裕中起着重要联结作用。文化内容和表达形式可以作为精神共同富裕的一部分，为个人提供情感共鸣、心灵抚慰和启发，有助于提高心理健康满足感和幸福感。同时，文化也是公共数字文化服务的核心内容，为人们提供了广泛的文化选择和体验，促进了文化多样性和社会包容性。公共数字文化服务和精神共同富裕的结合可以创造一个丰富的文化生态系统，使人们能够在丰富的精神层面得到充分的满足。

一是精神获得在文化产品供给和获得方面得到满足。公共数字文化服务能够促进公共文化产品资源整合，提供广大人民群众的文化内容获得，满足精神生活共同富裕的基本文化需求，确保精神获得文化的支持。

二是精神体验通过文化享受和文化参与得以实现。公共数字文化服务所提供的便捷广泛服务，完美回应了当下"服务型"政府的转变，公共数字文化服务所提供的服务与产品已经不再是"旱地教渔，北种水稻"的灌输式尴尬局面，而是根据大众的真实需求，互动式提供服务，让人民群众获取真实所需的文化产品，从被动供给到轻松自如的文化享受，提升精神生活共同富裕的文化享受。

三是精神信仰与文化发展的创造共生。在新时代背景下，公共数字文化服务是公共文化服务和数字文化服务的衍生品，结合与时俱进的思想，在数字浪潮下，公共数字文化服务加快了文化开放，扩大群众回应，通过包容态度增进与各国文化的交流，既展示了国家的文化自信，也坚定了精神信仰。

公共数字文化服务由于其数字特性，对数据的保存以及复刻等有了更方便的手段，能够将历史文化再现、留存下去。公共数字文化服务能够有效做到文化遗产、民俗艺术等将其传承，真正将文化历史保护起来，让文化得以延续，让伟大的中华民族历史文化生生不息。同时国家政府也出台一系列政策，对数字资源内容的版权保护，营造风清气正的文化创作氛围，这也回答了如何保证精神生活共同富裕第四层实现途径，促进文化发展。

公共数字文化服务通过多元协同，共同保障文化的创造，来自各方不同的专业人士共同交流，文化得以交叉融合，共同实现精神生活共同富裕的最高境界，创造出越来越多的优质文化。共享文化资源还能促进社会融合，增进人与人之间的理解与沟通，从而进一步推动社会的共同富裕和进步。

精神生活共同富裕在公共数字文化服务支持下获得内容和形式上的补充。公共文化的不断繁荣以数字化的服务形式推动精神生活共同富裕的文化形态、文化交流与升华，进而促进人的自我发展和更高的精神追求，进一步促进了公共数字文化服务的发展和普及。两者在概念上表现出深层次的契合性，在公共文化服务的大力发展下，推动社会的文化素质和精神境界更全面、更均衡的提升。

第四节　本章小结

本章结合习近平新时代中国特色社会主义理论以及学者的研究，将精神生活共同富裕概念解构为精神生活、精神体验、精神信仰三个层次，结合马斯洛需求层次理论，从文化视角分析实现精神生活共同富裕的五个路径，即文化获得、文化享受、文化参与、文化发展、文化创造。将公共数字文化服务的内在体系结合新公共服务理论分解为五个维度，打通文化产品的资源整合，提供新型公共服务满足公众需求，加快文化开放扩大群众效应，注重文化保护促进发展传承，同时新型模式多元协同催生文化交叉融合。从精神生活共同富裕内涵与公共数字文化服务的文化关联，构建了公共数字文化服务与精神生活共同富裕的概念模型。数字化技术与手段的运用，许多传统文化资源可以得到有效保护和整合，同时让更多个体理解和参与到传统文化的传承中；既保护了文化多样性，还促进了不同文化之间的交流和对话。公共数字文化服务提供平等的文化获取机会，解决传统文化资源受限于时间、空间和经济条件，无法亲临现场体验和接触到珍贵文化遗产的制约。互联网的普及和无障碍访问技术，让更多的人享受到文化的乐趣和教育，弥补了公共文化资源的限制与时空隔离的制约。通过提供丰富多样的文化资源和服务，公共数字文化服务为人们创造了更加包容和多元的精神生活环境，促进了人的全面发展和幸福感提升。

第四章

文化权利论赋能公共数字文化服务实现
精神生活共同富裕

公共数字文化服务是实现精神生活共同富裕的有效途径，公共数字文化服务内在体系按照文化供给的五个递进层次支撑精神生活共同富裕的实现。精神生活共同富裕包含精神获得、精神体验、精神信仰三个递进层次，对应文化获得、文化享受、文化参与、文化发展、文化创造五个层次。在文化权利论的联结下，高度契合公平均等享受文化的权利，与实现精神生活共同富裕的文化要求相匹配，数字化、智能技术赋能文化权利，促进精神生活共同富裕。

第一节 文化权利论的时代结构

一、文化权利的研究脉络

文化权利是公民个体或集体拥有的参与文化活动，享有文化资源与成果，分享文化利益，并促进文化传承与发展的权利与自由。文化权利是每个公民的基本权利，具有丰富的内涵与外延。文化权利对人权保障事业的整体推动，对公民的文化满足与实现都具有十分重要的价值。

社会契约理论认为，公民权利能够得到实现是契约理论产生的逻辑起点，也是政府公共部门权利行使的缘起。政府公共部门通过行使自身的职责达到保障公民权利的目的，政府公共部门和公民权利二者借助法律（如宪法契约）实现连接。公民—契约—政府公共部门的逻辑结构，决定了公民在对国家纳税及尽相应义务的同时，国家即政府也对公民的工作、生活承担了相应的责任。公共文化服务是我国政府现阶段在文化领域做出的制度安排，公共文化服务部门通过提供服务手段和服务内容，以确保每一个个体享有普遍均等的公共文化服务及个人文化权利实现。

文化是一个综合性、多层次的概念，很难仅从一个角度或一个方面去界定文化的含义（万鄂湘和毛俊响，2009）。文化既指整个社会的生活方式或物质、精神价值的总和，又指不断发展的艺术和科学创作的实践过程，同时表现为具体的物质或精神文明成果或产品。

文化权利就是人们通过文化活动获得利益的利益（蒋永福，2007）。文化权利就是人们"文而化之"的权利，是获得文化利益的权利。包括接受教育、修身养性、愉悦自我、展现自我、实现自我等个体性利益，还包括尊重同质或异质文化遗产、维护集体信仰、维护共同体利益、维护民族自尊、维持良好社会性利益。

在公共文化产品和服务供给方面日益多样，人民的获得感和幸福感显著提高。但仍然存在一些问题，如政策法规、资金保障、运行机制等，需要进一步完善，以及服务供求与信息畅通之间的矛盾需要解决。当前我国文化权利保障较为滞后，回应公民日益增长的文化权利诉求还有差距。《中华人民共和国公共文化服务保障法》的发布，并于2017年3月1日起实施对这种现象有较好的改善（朱国萍和杨学锋，2022）。

文化内涵的不确定性决定了文化权利内涵的丰富性：给定文化是具体的物质或精神文明成果或产品，文化权利就是指个人获得这一累积文化资本的平等权利，如参观博物馆、利用图书馆、欣赏音乐会等；给定文化是艺术和科学创作的实践过程，文化权利就是指个人不受限制地自由创造自己的文化作品的权利；给定文化是特定社会的生活方式或物质、精神成果的总和，对应的文化权利则指保有自己文化特性、坚持文化认同的权利。

通过文化权利的系统解读，有利于从法律条例、政府措施和公民行动等方面着手，加强我国文化权利保障，回应人民的文化权利诉求，适应文化强国建设要求。

二、文化权利论的国内外研究

国外学者将文化权利的内容划分为四个维度，如艾德等（2003）认为文化权利包括文化享有权、文化创造权、文化传承权、文化发展权；Donders（2003）认为，文化权利是与社会权利、政治权利、经济权利等权利对等的一种人权，它主要包括文化参与权、文化创造权、文化享受权、文化收益权等内容。而国内学者江国华（2013）认为，文化权利意指公民享有的享受文化成果、参与文化活动和开展文化创造等方面的权利，大致可以描述为社会群体或者公民个体在文化领域中享有的参与文化活动、享受文化成果、保障文化权益的一种权利形态。

也有学者从五个方面认识文化权利，一是要有文化参与的平等性和普遍性；二是要有文化自由权，文化自由权包括两个方面，参与自由和创造自由：参与自由是积极的文化选择，创造自由是创造的可能性；三是文化权利主体的多重性，不仅仅是个人也包括集体；四是文化获得与文化参与，即所有人无论是群体还是个人，为了充分发展其个性、和谐生活及社会的文化进步而受到保障发展其个性、享受和谐生活及社会的文化进步、享受自由表达、传播、表演和从事创造性活动的各种具体机会；五是文化多样性，尊重个人或群体的文化认同权。

还有学者从物质、制度和观念层面理解文化权利。从物质层面出发，文化权利的客体指向那些为一定生活方式所承载的，看得见、摸得着的文化器物形态。从制度文化的层面出发，文化客体指向那些在社会历史发展过程中所形成的各种制度。在观念文化层面，文化权利的客体指向由一个国家、民族或相对固定群体在长期的生产与生活中所形成的思维方式及价值体系；在内容上是指文化权利主体的权利行为（傅才武和蔡武进，2015）。当前学者们对文化权利内容的理解仍存在一定的差异，主要包括文化参与权、文化享有权、文化分享权和文化传承与发展权这四大内容。

文化权利始终植根于文化生活，其具体内容作为一个逻辑整体有机统一于公民文化生活当中，是公民个体或集体拥有的参与文化活动，享有文化资源与成果，分享文化利益，并促进文化传承与发展的权利与自由。文化权利的逻辑结构主要包括主体、客体和内容三大基本要素，与公共文化服务体系的主体、客体和内容高度重合，可以把公共文化服务体系看成是保障文化权利的重要路径。

三、文化权利论的表现形式

人对文化的需求同样具有一定层次性，正如马斯洛的需求层次理论所指出的，人的需求从低到高依次可以划分为生理需求、安全需求、社交需求、尊重需求和自我实现需求这五个层次。学者们的研究发现，文化权利所体现的正是个体在文化领域的基本需求，也具有相应的层次性。按照文化参与权、文化享有权、文化分享权、文化传承权与文化发展权从低到高的依次递进存在。

文化权利的层级结构不仅体现在其内容的逻辑安排上，更重要的是体现在其内容的深浅程度上。文化权利所涵括的每个部分的权利都有从低到高的不同层次，根据这种深浅层次的基本特征在拓展性上的区分，还可以将文化权利划分为公民基本文化权利和公民普通文化权利。文化权利的层级划分，对未履行文化保护义务，以及强化公民文化生活中迫切需要的、必不可少的基本文化权利保障提供了依据，基本文化权利也必须通过公共文化服务的基本性、公益性和均等性来满足，普通文化权利则可以通过公共文化服务的便利性和多元性适当满足，其个性化的需求需要通过市场予以满足。进而，适时促进公民在文化生活中获取满足与享受普通文化权利保护。

第二节　文化权利论下的公共数字文化服务

一、法律支撑下的公共文化服务

2016 年 12 月 25 日，《中华人民共和国公共文化服务保障法》（以下简称《保障法》）发布，并于 2017 年 3 月 1 日起实施。《保障法》的颁布和实施从根本上保障了国民的文化权利，而《保障法》的落地实施和后续保障法律、细则的不断完善，成为"十四五"时期我国政府公共文化服务建设的重要任务。《保障法》第 2 条对公共文化服务的概念进行了明确的规定，特别强调政府是满足公民基本文化需求的主导力量，并允许社会力量参与进来，提供产品、设施、活动等文化服务。该条款规定了在活动组织、文化单位管理、文化经费保障等工作中政府的职责，让责任政府的工作实实在在落到实处。政府主导是转型期服务政府的重点工作之一，也是公共文化服务体系建设必须遵守的原则之一。法律关于政府主导责任的规定，让人民文化生活的保障和丰富有了坚实的依据。《保障法》第 3 条同时指出公共文化服务必须且只能坚持以人民为中心。总览第 2 条和第 3 条内容不难发现，保障、实现公民的文化权利，成为公共文化服务义不容辞的责任。

公共文化服务不仅是文化治理的一种形式，也是文化治理的一项重要内容。早在 2013 年第十八届中央委员会第三次全体会议通过的《中共中央关于全面深化改革若干重大问题的决定》第 40 条明确提出，公共文化服务体系建设建立协调机制，统筹服务设施网络，基层文化、体育设施和部门整合为综合文化服务单位，目的是促进公共文化服务的标准化、均等化。我国政府将文化治理具体到服务体系建设层面，说明其在文化领域改革的决心和力度。文化的公共性、人文性、创造性、物质形态性特征，使其成为每个社会历史阶段国家传播主流意识形态、核心价值观念和社会治理的主要工具之一。公共文化服务的作用有三个方面：一是意识形态建构；二是经济、社会发展；三是对区域发展的推动力。在不同的历史时期，文化治理的作用是相似的，其实质是以文化为场域，通过文化实现治理的目的，作为社会的黏合剂，又是实现自主治理的重要手段，借助文化治理通过"自治"来完成，强调人的主体作用发挥。各种制度、规则的制定往往以个人思想、行为的转变为目的，通过文化权利的发力保障，实现以文化人的目标，为精神素养的提升夯实基础。

二、公共数字文化服务践行文化权利的路径

文化权利论强调个体在文化领域的自由发展、参与和表达权利，是基于人权的理念，突出文化权利是每个人应享有的普遍权利。而公共数字文化服务作为一种以数字技术和网络为基础的文化服务方式，通过提供广泛的文化资源和内容，以及开放的交流平台，致力于促进文化的获取、共享、传承和多样性。

文化参与和享有是基本的文化权利。公共数字文化服务通过数字技术的广泛普及与网络平台的开放性，为更多人提供了获取文化信息和资源的机会，在更大的范围以更加便利的方式保障了人的文化参与和享有权。在文化权利论的框架下，数字化的公共文化服务提供的文化参与机会为个体实现文化权利提供了便利和支撑。

文化权利论强调个体的文化分享权和文化传承权。公共数字文化服务为个体提供了丰富多样的文化内容，满足了个体在文化接受和文化发展方面的需求。公共数字文化服务的多样性和广泛性为个体的文化自主性提供了充分的选择空间，从而促进了个体的文化选择、文化享受和文化发展机会，保障了个体的文化分享和发展权。

文化创造是公共数字文化服务保障文化发展权的重要支点。公共文化服务的开放性和跨界性为不同文化之间的交流与融合提供了平台。文化权利论强调通过文化交流与多元文化沟通支撑发展权，公共数字文化服务的数字平台为实现文化交流提供了新途径，有助于促进不同文化之间的相互理解、接纳、认同与形成新的文化内容。公共数字文化服务为文化创意的发展提供了开放的创作和分享平台，与文化权利论的文化创造主张相契合。通过公共数字文化服务，文化创作者得以自由表达和发展，从而促进了文化创意的繁荣、共享到再创造。

文化权利论与公共数字文化服务之间呈现相互促进与互动的特征。公共数字文化服务为实现文化权利提供了广泛的平台与资源，而文化权利论则为公共数字文化服务赋予了更深远的获得、参与、享受、发展与创造价值，共同推动精神生活的共同富裕（见图4-1）。

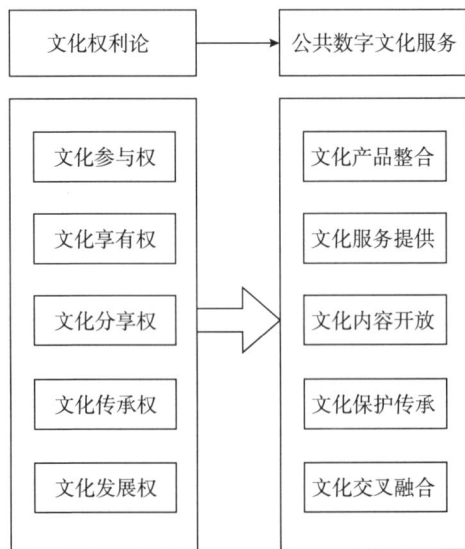

图4-1 文化权利论驱动公共数字文化服务的概念模型

第三节　精神生活共同富裕的文化权利动因

精神生活共同富裕是要让人民群众在追求文化生活、审美情趣、自我价值、科学知识和群体认同的过程中获得较好的公共文化资源，保障和享受到相对公平的机会。在国家层面上，则体现为国民个体能够相对公平和平等地获得精神生活所需要的资源以及文化参与和文化创造的各种机会，集中体现为一种基于个体文化权利之上的文化获得、文化参与、文化享受、文化发展和文化创造机会上的丰富和平等。

一、个体层面的精神生活共同富裕

国民层面上的精神生活共同富裕，并不等同于社会成员个体拥有、享受精神文化资源和文化发展的能力和机会的绝对平均，而是基于个人文化权利、基于法律和政策保障底线之上的相对均衡。文化权利是公民的基本权利，体现为公民个体或集体拥有的参与文化活动，享有文化资源与成果，分享文化利益，并促进文化传承与发展的权利与自由。它包含了两个层面的内容：一是指个体对精神文化资源的拥有、参与消费和享受；二是指个体利用所拥有的精神文化资源而获得精神财富和物质财富的创造能力。个体的精神生活共同富裕应是这两方面的有机统一。

个体对精神文化资源的拥有、参与消费和享受满足，是国家借助于公共文化服务体系和文化市场体系对个体基本文化权利的保障和满足，体现为个体对文化实践的参与和个体文化消费形态。个体借助精神文化资源进行物质文化和精神文化创造，既是个体占有文化资源的状况，包括使用、享用、收益和处置等的客观体现，是高层次的享受满足，又是个体参与社会财富总量创造的表征，体现的是国民个体与国家的关系，是国家因公共文化投入而受益。如果个体没有为社会创造出更多的物质和精神财富的能力，特别是下一代个体对文化资源的拥有、参与消费和享受满足将会成为无源之水、无水之木，因此个体的精神文化创新和创造力是精神生活共同富裕的重要表征，在一定程度上代表了社会生产力的发展水平。

精神生活共同富裕作为一个概念范畴，是从个体的层面来定义的，强调个体层面上精神文化的共同富裕，是"个人的全方位发展与全体人民共同发展的统一"。每一个个体的精神生活均达到富裕程度，则在抽象层面实现了国家内部不同区域、群体和个体之间的整体性精神富裕目标，这就是精神生活共同富裕内涵中的个体与社会的关系。范玉刚（2021）认为，精神生活共同富裕既是个人心理满足的状态，又是民族精神状态的表征，作为共同富裕内涵与构成部分的精神生活共同富裕，主要表现为每个人都能得到由丰富多彩的精神生活带来的心理满足和精神愉悦，从而显现为一个民族精神状态的饱满、自尊自强意识的张扬和奋发意志的昂扬。

二、文化权利的现实理解

文化权利论强调的不是单个人的文化权利，而是所有人都能享受文化的权利，是一种基本的人权。这就说明文化权利论与精神生活共同富裕之间存在密切关联，文化权利作为基本人权之一，保障了每个个体在文化领域的自由发展与认同。通过实现文化权利，社会能够促进精神生活共同富裕，使个体在精神层面上得到满足与繁荣。

文化权利的实现为个体提供了自由参与、创造和享受文化的机会。这种自由发展有助于形成积极的自我认同和文化认同，增强个体的精神蓬勃与幸福感。文化权利的保障推动了文化传承与弘扬。当个体能够自由传承和发展自身文化传统时，社会凝聚力得以加强，共同的文化价值观得以形成，为精神生活共同富裕奠定了坚实的基础。文化创意的自由发展通过文化权利的实现得以推进，这种创意自由不仅涵盖艺术和文学创作，还包括科技和社会制度等各个领域的创新，为社会的精神生活注入新的动力和活力。文化权利的实现促进了跨文化交流与理解，跨文化交流有助于消除误解和偏见，增进人们对其他文化的理解与认同，为多元文化共存的社会环境创造条件，从而促进精神生活共同富裕的实现。文化权利保障了每个人接受丰富多样的文化教育，这种教育不仅拓宽了知识面，还提升了个体的精神素养与综合素质，使其更好地适应社会，从而推动精神生活共同富裕。文化权利驱动社会能够创造一个开放、包容、多元的文化环境，让每个个体都能在精神层面得到满足与发展，为社会的繁荣与进步做出积极贡献。

第四节　文化权利论驱动公共数字文化服务实现精神生活共同富裕

文化权利论是一种基于人权和文化多样性的理论框架，着重于个体在文化领域的自由发展与认同权利。公共数字文化服务是一种通过数字技术和网络平台向广大群众提供文化内容和资源的服务方式。在当前数字化时代，文化权利论对于指导公共数字文化服务实现精神生活共同富裕具有显著的理论性和实践价值。

文化权利论强调每个人在文化领域的自由发展和认同权利，其中包括文化参与、创造和享受的权利。公共数字文化服务通过数字技术的普及与网络平台的开放，提供广泛的文化参与机会，以满足个体对文化资源的需求，使得个体能够通过自主选择和参与，获得精神层面的丰富体验与满足，进而实现精神生活共同富裕。

文化权利论注重文化多样性的重要性，而公共数字文化服务作为开放共享的平台，促进了不同文化之间的交流与融合，有助于消除文化隔阂和偏见，增进人们对其他文化的理解和认同。通过公共数字文化服务，个体能够更广泛地接触和体验各种文化形式，推动多元文化的共存与共荣，促进精神生活共同富裕的实现。

文化权利论倡导文化创意的发展，而公共数字文化服务为文化创作者提供了开放的创作与传播平台，为个体的文化创意提供了更多展示和分享的机会，增强了个体的文化自主性和创造性，推动社会文化的繁荣与创新，从而促进精神生活共同富裕的实现。

文化权利论对于指导公共数字文化服务实现精神生活共同富裕起到了重要的学术性引导作用。通过公共数字文化服务，个体能够获得平等的文化参与机会，促进文化多样性与交流，推动文化创意的发展与共享，进而提高个体的精神生活质量和幸福感，实现精神生活共同富裕的目标（见图4-2）。

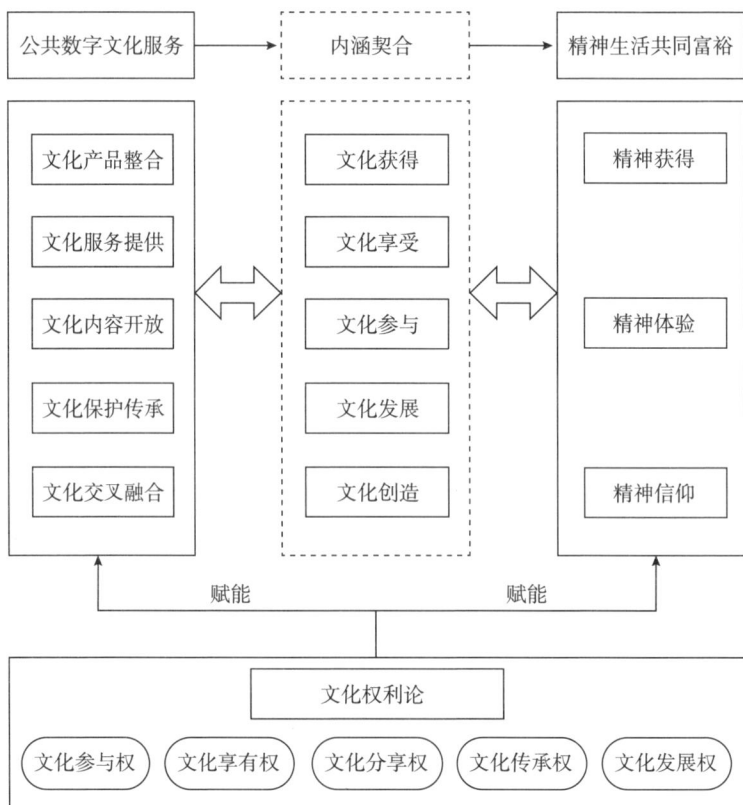

图4-2 文化权利论驱动公共数字文化服务实现精神生活共同富裕概念模型

第五节　本章小结

　　本章通过文化权利的内涵研究以及文化权利论的研究回顾，将文化权利划分为文化参与权、文化享有权、文化分享权、文化传承权以及文化发展权五个层次。对应马斯洛需求理论的五个层次，公共文化服务可以划分为五个阶段，即文化获得、文化参与、文化享受、文化发展以及文化创造。文化权利论的要求与精神生活共同富裕具有高度的契合性，借助文化权利与公共数字文化相互促进与互动的特征，文化权利与公共数字文化服务层次有机匹配，从文化权利的视角，为公共数字文化服务实现精神生活共同富裕提供了新的理论支撑，也从文化权利的保障角度出发为公共数字文化服务推动精神生活共同富裕的实现提供了内在动因，使公共数字文化服务在文化权利论的指导下借助信息化、数字化与智能化的技术加速实现精神生活共同富裕有据可依。

第五章

公共数字文化服务整合资源助力文化获得

　　公共数字文化服务的崛起不仅为文化传播带来了前所未有的便利，更为社会全面提升文化获得的途径和体验创造了新机遇。通过整合各类文化资源，公共数字文化服务成为一个强大的平台，以先进的技术手段和创新形式，为人们提供更为快捷、广泛的文化获得机会。这一服务形式不仅推动了文化传播的全面数字化，而且在整合资源、提升服务水平方面发挥了积极作用。公共数字文化服务的特性极大地整合了各类资源，为社会提供了更为便捷、丰富的文化获取途径。

第一节　公共数字文化服务的可及性提升文化获得

一、文化获得感的概念内涵

（一）获得感概念

获得感的提出，是在我国全面深化改革的关键时期。改革开放以来，中国取得了高速发展的辉煌成就，同时积累了大量的矛盾。这些矛盾集中体现在居民收入差距过大、城乡二元分割严重、地区发展差异过大等方面，导致经济社会发展不平衡、不全面、不可持续。针对这些问题，《中共中央关于制定国民经济和社会发展第十三个五年规划的建议》中提出了"创新、协调、绿色、开放、共享"的发展理念，而这五大发展理念的归宿和落脚点——"共享"发展理念的根本目标就是要提高人民群众的获得感（秦国文，2016；蒋永穆和张晓磊，2016）。因此，"获得感"这一概念，必须放在我国全面深化改革、转变经济社会发展模式、实现共享发展的时代背景下来理解。

获得感是一个本土性非常强的"中国概念"，在国外尚不存在直接的概念对应。国外社会治理中的一些热门概念，如幸福感、主观生活质量等，都被用来评价公民生活状况，与获得感存在一定的相似性，但这些概念往往更偏重主观感知，且在评价主体、评价内容与评价标准等方面与获得感存在一定的区别。就字面含义来讲，获得感是对获得的主观感受，它是建立在客观获得基础上的，对客观获得的主观感觉（丁元竹，2016）。结合获得感提出的时代背景和已有研究，获得感有以下两个层面的含义：

一是客观获得。获得感要以获得实实在在的物质利益、经济利益为基础，这体现在人民群众收入增长、能够享有充分的社会保障、良好的公共服务等方面，客观获得并不仅仅局限于物质利益与经济利益上的获得，还包括获得知情权、参与权、表达权、监督权等政治权利（蒋永穆和张晓磊，2016；赵玉华和王梅苏，2016），文化、社会、生态等方面的发展成果以及伟大祖国的尊严和荣誉（林怀艺和张鑫伟，2016）。不仅如此，它还体现为人民群众能够获得实现自我价值、参与经济社会发展进程中的机会（周海涛等，2016）。更重要的是，"客观获得"包含了未来维度——在拥有当下获得的基础上，能够确认获得是可持续的、不断发展的，当下获得在未来不仅不会消失，还会更多、更好（秦国文，2016）。

二是主观感觉。获得感不能脱离其客观获得的基础而存在。一般认为，同样是主观感受，获得感和幸福感有很多共通之处，但幸福感往往更强调个体心理感受、更主观，因此也更容易流于空泛；获得感则更强调

"实惠",更具体也更有实际意义。同时,获得感不仅是对于绝对获得的感觉,还由相对获得感所决定:发展不均衡、改革红利分配不公、弱势群体不断被边缘化所导致的失去感(张航,2016)、失落感(张品,2016)以及相对剥夺感(蒋永穆和张晓磊,2016)会极大地降低甚至消解掉人民群众的获得感。

因此,获得感内在包含了两个特征:首先,获得感不是个别人的获得感,而是所有人的获得感,它必须具有公平公正的特征,保证社会中的每一个人都能够公平、公正地共享发展成果;其次,弱势群体、边缘群体的获得感格外重要,获得感必须具有包容性的特征。

(二)获得感的内容

获得感是一个内涵丰富的概念,在当前的时代背景下,获得感主要表现为以下三个方面的内容:

1. 获得感以发展为前提

发展是获得感的基础(陶文昭,2016),无发展成果,获得无从谈起,但发展并不一定必然提升人民群众的获得感,发展忽视了公平、公正,造成了行业间、区域间的不均衡、不全面,反而会降低人民群众的获得感。因此,发展必须以"共享"理念为导向,在发展中坚持公平正义、坚持"包容性发展",让全体人民特别是在过去的发展过程中未能充分享有发展红利的人群共享发展成果、发展机遇。

2. 获得感以民生为重中之重

"民生"即人民群众的生活水平、生活质量,它既包括完善的社会保障体系、良好的公共服务供给,也包括人民群众的精神食粮——文化,以及"最公平的公共产品、最普惠的民生福祉"——生态环境。人民群众的获得感建立在覆盖全面、高水平、公平的社会保障体系之上,建立在高质量、均等化的公共服务供给之上,建立在丰富的精神文化生活、绿水青山之上。

3. 获得感以人民政治权利的实现为保障

政治地位显著提高,知情权、参与权、表达权、监督权等民主权利得到实现和保障，实现参政议政、管理国家事务是人民群众获得感的重要内容①。不仅如此，人民群众能够有效表达自己的需求，能够以自己的智慧和力量参与到发展与改革的时代浪潮中，能够真正在当家作主中实现公平正义和人的尊严，也是发展与改革能够始终不偏离"以人为本"、民生目标得以实现的根本保障。

获得感是建立在客观获得基础上的主观感觉，与满意度、幸福感、参与感等既有联系又有所区别。充分的社会保障、良好的公共服务、积极的政治和社会生活参与，以及对公平公正的感官体验均有助于提升民众获得感。

（三）文化获得感的相关研究

马斯洛需求层次理论指出人类有生理、安全、社交、尊重、自我实现五个层次的需求。公共数字文化服务能够满足公众精神层面的需求。积极的公共数字文化服务体验，能够提升公众幸福感，增加信任度，对增强公众归属感、改善人际关系、满足社交和情感需求有重要作用，同时能够正面影响公众对社会公平、公正、满意度等社会心态的感知，进而影响公众获得感。获得感是一个主观性的评价指标，难以测量。社会认知理论的三元交互模型认为，人的心理活动是主体、环境、行为三者相互作用所决定的。个人的主体因素（需求偏好、文化水平、个人认知、情感态度）、环境因素（公共数字文化服务可及性）与行为（公众参与行为）三者之间相互作用影响公众文化获得感。参与感与获得感密切相关，高度参与公共数字文化服务活动可以带来更高水平的成就感、幸福感，有利于提升公众文化获得感。

1. 文化获得与精神获得

文化获得是指一个人在成长过程中通过与周围环境、社会和其他人的互动学习到的知识、信仰、价值观、习俗和技能等。文化获得的底层基础包括多个方面，在社会交互中，人们通过与家人、朋友、老师、同事和社

---

① 本刊首席时政观察员．"十三五"规划要让人民更有获得感 [J]. 领导决策信息，2015（41）：4-7.

会其他成员的交往，学习各种文化信息和行为准则；语言是文化传承的主要工具，人们可以通过语言传递和获取关于文化的知识和价值观。传统和历史则是个体从前辈和文化传统中获得知识和智慧的路径，文化知识代代相传，构成了文化基础。

精神获得是指一个人内在的心灵成长和发展，与自我意识、情感、内省、心灵成熟等有关。精神获得的底层基础包括四个方面：一是自我意识，是意识到自我存在和个体身份，以及对自己思想和情感的觉察。二是内省和反思，是对自己行为和经历的深入思考和反思，从中吸取教训和成长。三是价值观和信仰，个人的道德观念、信仰体系和人生目标，是塑造一个人精神世界的基础。四是情感和情感智慧，是理解和管理自己情绪，与他人建立情感连接的能力。

2. 文化获得的测量

文化获得感因其隐蔽性难以测量。吕小康（2019）通过纵向的时间比较和横向的群体比较方式分析了我国公众的整体获得感，构成了获得感测量的基本维度，有一定的普遍性，可将其应用于文化获得感的测量。文化获得感的测量与整体获得感的测量有相似之处，侧重点不一，其测量方式并无实质性区别，可以从个人文化成就获得感、文化公平获得感、文化生活满意感和文化保障获得感四个方面来测度。

文化获得和精神获得的相互作用促进了精神生活共同富裕。文化为个人提供了认同感和归属感，而精神获得则有助于人们更深刻地理解和体验文化的内涵。人类的成长和发展需要这两者相辅相成，共同构建一个完整的个体。"精神生活共同富裕"强调在社会发展中不仅要关注经济层面的共同富裕，也要关注个体和群体的精神层面。按照马斯洛需求层次理论，精神生活共同富裕的底层先要满足文化获得，人的生存需要物质食物的补给，文化的底层需要首先是精神食物。有了稳定的文化补给，才能满足人们精神上的底层需求，文化获得是精神获得的基本支持，每个人都应该有机会获得充实、丰富的精神体验和文化享受，无论其社会地位、经济条件或受教育程度如何，都有可能真正实现精神生活共同富裕。

二、公共数字文化服务的可及性与文化获得

（一）公共数字文化服务可及性的概念及三个维度

公共数字文化服务可及性就是个体接近并获得公共文化服务的可能性。基于公共文化服务的特点，王前和吴理财（2015）构建了可获得性、可接近性、可接受性、可适应性的评价框架；张玮玲和崔娜（2014）从公共文化服务的发展历程与实践出发，构建了可获得性、可承受性、可匹配性的三维模式。为此，本书从公共数字文化服务的特点出发，将公共文化服务的可及性定义为可获得性、可接近性、可适应性，并从这三个维度来分析公共数字文化服务可及性。

第一，可获得性是公共数字文化服务可及性的基础，主要评估公共数字文化服务的供给能力，能否以多样化的数字文化资源来满足公众不同类型的文化需求，以及此种供给模式下公众基本文化权利的义务履行情况；可匹配性维度则强调公共数字文化资源类型和内容与公众需求的对接程度，因此从属于可获得性。第二，可接近性是公共文化服务的关键性维度，保证了公共数字文化服务的公平性原则，从时空距离考虑公众的公共数字文化获取能力，包括数字化基础设施数量、公众的互联网触网程度、数字文化服务活动的技术要求等，保障弱势群体参与。第三，可适应性衡量公共数字文化服务体系与公众之间的动态适合度，强调公共数字文化服务与公众之间双向互动与调整，使二者达到合适，既包括公众主动与被动适应公共数字文化服务，又涵盖公共数字文化服务体系根据公众需求反馈进行主动与被动的调整。公众主动接受公共数字文化服务内容、服务人员素质、服务过程的程度，即可接受性；被动则为公共数字文化服务的供给被公众承受和负担的程度，即可承受性。可适应性包含可接受性和可承受性，其从整体层面评价公众对公共数字文化服务体验的满意度。

无论是精神获得还是文化获得，这种基本需求是社会中各类群体包括相对弱势群体的必然行为和结果，经济贫困、文化知识相对匮乏或受教育程度较低的个体难以通过自身条件予以解决的。受资源匮乏和社会限

制，难以享受优质的文化资源和精神生活，这就需要通过公共数字文化服务重点关注并解决底层需求的内容，以实现整体精神生活共同富裕。在推动精神生活共同富裕的过程中，公共数字文化服务扮演着内容与路径的双重角色。

（二）技术赋能公共数字文化服务的可及性

公共数字文化服务的可及性确实可以显著提升文化获得的机会和体验。现代科技的发展使得数字化文化资源更容易被广泛传播和共享，这对文化获得具有积极影响。

一是资源丰富性。公共数字文化服务可以提供丰富多样的文化资源，包括数字化图书馆、博物馆收藏、艺术作品、历史档案等。这些资源可以跨越时空限制，让人们近距离接触世界各地的文化遗产和艺术成就。

二是可追溯性和保护性。数字化文化资源有助于文化遗产的数字化保存和传承，从而保护和传播历史文化遗产，避免因时间、灾害或其他原因导致的信息丢失和破坏。

三是公平性和包容性。公共数字文化服务可以在不考虑成本的情况下让更多的人获得文化资源，无论是身处城市还是偏远地区，无论是富裕阶层还是经济困难的人群，都可以平等地拥有文化获得的机会。

四是教育和学习机会。数字化文化资源可以成为学校教育和自主学习的重要辅助工具。学生可以通过数字化资源更深入地学习历史、文学、艺术等学科知识，扩展他们的视野和知识面。同时，教育者可以将丰富的数字文化资源应用到课堂中扩充课程知识范围，受教育者也可以借助网络获取更多的文化知识，改善教育质量。

五是互动和参与性。公共数字文化服务也为用户提供互动和参与的机会。例如，虚拟展览和在线文化活动可以让用户更积极地参与其中，增强他们对文化的理解和体验。总的来说，公共数字文化服务的可及性可以促进文化获得的普及化和多样化，为更多人带来文化的乐趣和启发。这种数字化时代的文化传播方式有助于建立更加包容和丰富的全球文化交流平台。

六是扩大信息获取范围。公共数字文化服务通过数字化技术将大量文化资源在线化，使得文化内容和知识可以跨越时空限制。学者和研究者可以通过网络访问世界各地的文化遗产、历史文献、艺术品等，无需亲自到访实地，从而扩大了信息获取的范围和深度。

七是促进跨文化交流。公共数字文化服务为不同文化之间的交流和对话提供了平台。学者和学生可以通过在线资源了解不同文化的观念、价值观和传统，促进跨文化理解和尊重。这有助于打破文化壁垒，促进多元文化的共存与交流。

八是支持学术研究。公共数字文化服务为学术研究提供了丰富的素材和数据资源。学者可以通过数字化的文化资源进行深入的研究和分析，推动学术研究的深化和拓展，数字人文学等新兴学科的发展也在一定程度上受益于公共数字文化服务的可及性。

九是促进社会参与。公共数字文化服务的可及性使得更多的人可以参与到文化传承和保护中。公众可以通过数字化平台参与文化活动、展览和讨论，促进公众对文化的参与度和认同感。

十是面向特殊群体。公共数字文化服务的可及性还可以更好地服务于特殊群体，如身体障碍者、老年人等。数字化资源可以提供无障碍的访问方式，让更多的人享受到文化获得的机会。

公共数字文化服务的可及性从内容到途径、从便利到参与、从公平到开放，成为文化获得的重要指标。正是公共文化服务的可及性不断改善，极大地提升了人民的文化获得感。但由于数字文化资源的质量、可信度和隐私保护等问题，需要加强数字文化服务的建设和研究，推动数字时代文化获得的可持续发展。

（三）公共数字文化服务提升文化可及性

便利性是个体积极性的来源。公共数字文化服务满足人的文化获得，各种各样的文化资源通过技术手段整合起来，提供给人们获得文化的最好途径，丰富精神生活素材。公共数字文化服务不仅是让少部分人容易获得文化，更是针对全体人民的文化保障。服务目标在于满足人们对文化的需求，强调以数字化形式呈现的文化内容和资源，这些数字化的文化资源为广大群众提供了更便捷、更丰富的文化体验和学习机会。公共数字文化服务是要保障文化获得的公平性与普惠性，通过政府或公共机构的介入，这些服务能够跨越地域、经济和社会阶层的限制，使所有人都能平等地接触到优质的文化资源，不受社会地位以及经济状况的制约。公共数字文化服务能关注到各类群体的需求并适当倾斜，努力缩小社会阶层在文化资源获取上的差距，以促进社会的全面共同富裕。

公共数字文化服务面临数字鸿沟等挑战。由于地方贫富的差距，人员个体受教育程度等不同，导致数字鸿沟问题，如儿童、老年人等一些弱势群体在数字技术应用上的局限性，需要特殊关注并解决。同时，数字化带来的信息泛滥和碎片化也对文化认知与传承造成一定的冲击。因此，公共数字文化服务的推进需要全社会的共同参与和努力，以确保文化资源的平等分配和有效利用。公共数字文化服务的可及性，极大地方便了文化产品的获得，丰富的文化产品借助数字手段可以发挥最大的精神共富价值。

三、公共数字文化服务可及性政策实践

党的十八大以来，以习近平同志为核心的党中央在领导党和人民推进治国理政的实践中，把文化建设摆在全局工作的重要位置，不断深化对文化建设的规律性认识，提出一系列新思想、新观点、新论断，推动我国文化建设在正本清源、守正创新中取得历史性成就、发生历史性变革，为新时代坚持和发展中国特色社会主义、开创党和国家事业发展新局面提供了强大正能量。2023 年 9 月，习近平总书记在文化传承发展座谈会上指出，在新的起点上继续推动文化繁荣、建设文化强国、建设中华民族现代文明，是我们在新时代新的文化使命。担负起新的文化使命、建设中华民族现代文明，必须深入学习领会习近平总书记关于文化建设的新思想、新观点、新论断，将其贯彻落实到文化建设全过程各方面。基层群众文化建设是先进文化建设、实现人民群众根本利益的关键。面对"提升公共文化服务数字化水平"的新战略布局，尤其是在针对文化获取有了更高的要

求。公共数字文化服务可及性改善了公众和公共数字文化服务体系之间的适合度，即供给和需求之间的匹配程度。随着国家政策的大力支持和公共数字文化工程的不断推进，我国公共数字文化服务已取得一定成效，增进公共数字文化服务的可及性明显改善。为公众提供更加丰富、更为便捷、更高质量的服务。

2002年4月，文化部和财政部正式启动了全国文化信息资源共享工程，自建合建了"国家中心、升级分中心、市县支中心、基层服务点"，掀起了优秀文化信息在全国范围内共享共建的帷幕。然而，建设中遍地开花的基层服务点却难以满足基层群众的文化需求。随后，新闻出版总署、中央文明办等8部委在2007年联合印发《"农家书屋"工程实施意见》，力促短期内解决农民群众"买书难、借书难、看书难"的问题，中长期内在全国建立"供书、读书、管书、用书"的长效机制。

2018年，《中共中央　国务院关于实施乡村振兴战略的意见》首次明确提出"数字乡村战略"；2019年，中共中央、国务院印发《数字乡村发展战略纲要》，将数字乡村作为乡村振兴的战略方向与建设数字中国的重要内容；2022年，中央网信办、农业农村部、国家乡村振兴局等十部门联合印发《数字乡村发展行动计划（2022—2025年）》，统筹协调数字乡村发展行动，稳步提升乡村数字化治理效能。近年来，在国家数字乡村建设政策的推动下，智慧农业建设、农村数字新业态、虚拟乡村文化服务站等方面成效显著，"互联网+"、数字技术、智能终端在农村经济社会发展、文化服务场域发挥的作用愈加突出，有效弥合了城乡数字鸿沟。

随着数智时代的到来，农家书屋建设也趋向数字化发展方向。据统计，截至2019年底，全国已建成数字农家书屋12.5万家，这些数字农家书屋的模式包括："农家书屋+农村图书馆""农家书屋+电脑端""农家书屋+手机端""农家书屋+电视端""农家书屋+综合"，其中较为普遍的是"农家书屋+农村图书馆"模式。国家立足当下数字农家书屋数字化的发展趋势，消弭由于经济环境等问题带来的数字鸿沟，致力发展农村文化服务，已呈现出各式馆藏的数字化、服务的数字化和用户的数字化图景。出台的一系列可及性政策有助于确保社会中的各个群体都能够平等地访问和享受数字文化资源，包括残疾人、经济弱势群体、边缘社区和数字鸿沟的受害者。政策的制定和执行可以确保这些群体不被排除在数字文化的参与之外，让更多的人能够平等地获得文化，实现精神获得。

2022 年 5 月 22 日，中共中央办公厅、国务院办公厅发布《关于推进实施国家文化数字化战略的意见》，明确指出提升公共文化服务的数字化水平是当下国家文化数字化战略的重要任务。2022 年 8 月 15 日，中共中央办公厅、国务院办公厅印发的《"十四五"文化发展规划》中，明确提出"推进农家书屋数字化建设"的配套措施，逐步推出数字乡村、数字农家书屋。

第二节　整合公共数字文化服务资源推动精神生活共同富裕

一、公共数字文化服务整合资源的要义

公共数字文化资源范围广泛，只有通过整合集中资源才能实现目标。公共数字文化服务整合资源旨在解决多个问题，这些问题涉及数字文化的传播、保护和可用性。在面对碎片化的文化资源时，许多文化机构和组织都拥有自己的数字文化资源，但这些资源通常分散在不同的平台和网站上。这种碎片化使得用户难以找到所需的文化内容。整合资源可以将这些分散的资源整合到一个平台上，解决了碎片化以及资源重复和浪费的问题。不同文化机构在数字化资源上进行类似的工作，导致资源的重复建设和浪费，整合资源可以避免这种浪费，确保资源的有效利用。

数字文化可访问性的不平等导致一些人可能由于地理位置、经济状况

或其他因素而无法访问数字文化资源。通过整合资源可以提高数字文化的可访问性，确保更多人能够平等地访问文化遗产。不同地区和文化拥有独特的文化遗产，但有一些文化遗产可能面临丢失的风险，通过整合资源可以有助于保存和传承多样性的文化遗产，防止文化同质化和文化消失。数字文化资源需要长期的管理和维护，以确保其在未来仍然可用。整合资源不仅可以协助文化机构更有效地管理这些资源，确保其可持续性，还能更好地提供文化数字体验。文化资源过于分散可能使用户的搜索和访问过程变得复杂，影响用户体验。整合资源可以提供更顺畅的用户体验，使用户更容易找到所需的内容，改善体验感。

由于精神生活共同富裕富有层次性，精神获得是底层基础，文化获得也正是实现精神获得的基石。面对传统公共文化服务的弊端，公共数字文化服务通过整合资源来解决包括资源碎片化、不平等可访问性、文化多样性的保护等问题，可以更好地满足用户需求，提高数字文化的可持续性，促进文化传承和创新，有助于推动数字文化的广泛传播和保护，让精神生活共同富裕得到充分保障。

二、公共数字文化服务整合资源的途径

资源整合包括资源集、资源存储、资源加工、资源组织、资源利用、资源评价等多个环节，所有这些环节的确定离不开整合目标的确定、整合主体的努力、整合对象的明确以及相关的技术标准。公共数字文化资源整合系统具有层次性，明确公共数字文化资源整合模式的要素，主要包括整合目标、整合主体、整合对象和技术标准，构建一个公共数字文化资源整合复杂系统，让各个要素相互作用，构成一个具有特定功能的整体。其中，整合目标是系统的核心要素，决定整合主体、整合对象、技术标准的设置和安排。整合主体是该系统的施动者，它采用一定的技术标准，作用于整合对象，实现整合目标，不同的整合目标需要不同的整合主体；整合对象是整合主体施动的对象，其类型的完整程度、存量的丰富程度直接影响整合目标的实现程度；技术标准是实现整合目标极其重要的因素，整合

目标的实现需要依赖统一的标准规范及信息技术，采用不同的技术标准会产生不同的整合效果（见图 5-1）。

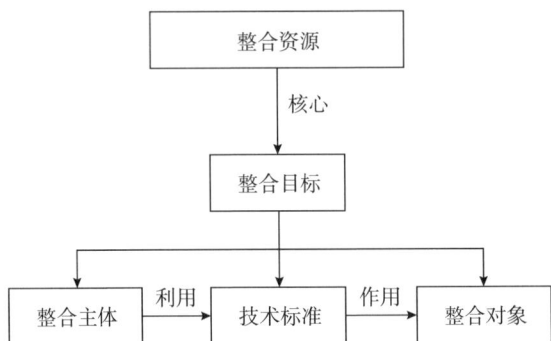

图 5-1　整合资源流程

公共数字文化资源整合模式是一个开放系统，它会随着政治、经济、技术、文化等因素的影响而发生变化和调整，这是公共数字文化资源整合模式自我发展、自我完善的条件，也是公共数字文化资源整合模式得以稳定存在的前提。公共数字文化资源整合模式随着时代的变化而改变，整合数字文化资源，提高其利用率，面对当今数量急剧增长的各类信息载体，图书馆、博物馆、档案馆等机构都不可能将之全面收集、整合。数字文化的建设使无序的信息成为可以利用的重要资源，组织成一个科学有序的体系，可以最大化地满足用户需求，大幅度提高数字文化资源的利用率。

以文化资源为基石，打造品牌文化数字资源库。各地可以借助公共图书馆，打造出一个具备地方特色的媒体融合文化品牌，加快各地公共图书馆的媒体融合，杜绝网络媒体平台单一的现象出现，加强各地、各级的新媒体联动，整合数字文化资源，去粗取精，删繁就简，展现各类资源，文化活动，服务信息的及时性、权威性、便捷性，突出传播性强、寓教于乐，地方特色让本地品牌文化的影响力深入人心，使人民群众能够更加简便有效地获取所需文化信息资源。

消弭数字鸿沟，让文化获得变成随处可得，满足精神富裕要求的精神获得。数字信息的鸿沟导致每个公民获得的有效信息资源不平均、不透明，影响个体对公共数字文化服务公益性、均等性的认知，而公共图书馆作为捍卫信息公平的权威机构，应致力于大力发展媒体融合，弥合数字信息鸿沟，以维护社会的信息公平。确定所发布信息的有效性和准确性，提高社会公信力，为广大人民群众提供一个值得信赖的信息平台。

整合数字文化资源，提高其利用率。当今各类信息载体的数量急剧增长，整合公共数字文化服务资源可以推动精神生活的共同富裕，让更多的人享受到丰富多样的文化体验和知识，促进全社会的心灵成长和幸福感。这些公共数字文化服务资源，包括博物馆、图书馆、档案馆等数字化内容，涵盖不同历史时期、不同文化领域的资源，可以让公众接触到更丰富的文化遗产和艺术品，增加精神生活的内涵和深度。将数字文化资源融入教育教学中，帮助学生在学校更全面地接触和理解文化，培养他们的审美情趣和文化意识，这种共享式的文化体验有助于推动精神生活共同富裕。整合公共数字文化服务资源，要加强社会对文化的认知和责任意识。联合政府、教育机构、文化机构，推动公共数字文化服务的普及化和可持续发展，让更多人受益于公共文化服务，助力精神生活的共同富裕。

整合公共数字文化服务资源是推动精神生活共同富裕的重要手段。通过数字化技术，让文化获得更平等、更便捷，为全社会提供更广阔的精神滋养，增进人们的幸福感和生活质量，还要不断加强政策支持和社会合作，确保公共数字文化服务的可持续发展。

第三节　公共数字文化服务整合资源助力
文化获得案例

一、案例背景①

　　天津滨海文化中心位于渤海之滨、海河之畔，地处天津滨海新区核心区，是滨海新区政府投资建设的重点民生工程。项目由多个国内外顶尖设计团队联合打造，占地面积 12 万平方米，总建筑面积 31.2 万平方米，包括"三馆、两中心、一廊"。"三馆"为滨海图书馆、滨海美术馆、滨海科技馆；"两中心"为滨海演艺中心、市民活动中心；"一廊"为文化长廊。滨海文化中心从最初的设计理念开始，便打破文化场馆分散的传统思维，将文化长廊作为空间架构，实现全部场馆室内相连，温度宜人，畅游便捷，为广大市民游客创建了高品质、一站式的文化环境，是聚合多种功能类别的大型城市文化综合体，外形酷似停泊在滨海新区文化公园里的一艘航母。该项目先后荣膺"中国建筑工程鲁班奖""中国文化产业园区最具潜力新星奖"等荣誉称号。

二、跨界平台整合资源

（一）打造网红图书馆，增强阅读新体验

　　滨海新区图书馆坚持文旅融合理念，以"全馆游"拓展图书馆旅游新价值。通过场馆景观化、阅读活动旅游化、消费体验化、传播数字化，推进公共图书馆与旅游服务在空间、功能、业态以及线上的深度融合，实现

---

　　① 本案例根据天津市人民政府网站内容整理改编，https://www.tj.gov.cn/sy/zwdt/gqdt/202201/t20220103_5769395.html。

了阅读推广服务的高质量发展。加强"馆中馆"建设，建成了书山音乐图书馆、中华思想通史图书馆、蒋子龙文学馆，丰富了特色阅读服务阵地。积极培育阅读服务和研学游特色活动，推出"沙滩阅读节"、"阅享远方畅游书海"、"阅读+计划"、"悦读成长计划"等系列活动，让市民在阅读中体验诗和远方融合的愉悦。

（二）打造高质量美术馆，提高美育服务水平

滨海美术馆牢固树立精品思维，依托高频次、高档次的公益展览，在展览选题上从严把关，坚持主流审美，举办了《学习用典——中国优秀经典故事全国连环画作品展》《风生水起——张国龙大型空间艺术展》《回向：大足石刻图像与历史文献展》等高端传统和新媒体艺术展览近百场，服务群众近百万人次。邀请范迪安、霍春阳、苏新平、唐承华等艺术家齐聚滨海文化中心，开展名家讲堂、与美同行等艺术教育活动 300 余场次，服务群众近 200 万人次。延伸产业链条，开展多品类的艺术衍生品销售，定期举办丰富多彩的"奇妙艺市"，与观众搭建了面对面交流与展示的平台。

（三）打造国内科技场馆新标杆，加强科普文化教育

滨海科技馆开馆以来，从游客需求端出发，打造沉浸互动式信创展区，生动展示天河一号原型以及北斗导航、麒麟操作系统、飞腾芯片等应用产品，始终保持展项走在前列、常换常新。自主创立特色科普服务产品，确立"科学少年行"研学精品路线 12 条，研发 6 大类课程，以沉浸讲解、科学实验、有奖竞答等方式与游客进行互动，从增强趣味性、参与感的角度，不断丰富并迭代科普活动产品线，形成对游客的强大吸引力，在全国 488 家科技馆中始终位居热度排行榜前列，先后荣膺"全国新晋网红榜"第一名、"全国科技馆人气榜"第二名、"展馆展览评价榜"第二名，获批全国科普教育基地，助力"双减"科普行动全国首批试点单位。

（四）打造区域演艺中心，丰富高水准演出供给

滨海演艺中心始终把剧目甄选摆在重要位置，在选剧方向上坚持国际

叫得响、国内有影响、本地有市场的原则。引入俄罗斯国家芭蕾舞剧院《天鹅湖》、中央歌剧院歌剧《茶花女》、天津人民艺术剧院话剧《天下粮田》等类型丰富的高端精品剧目 200 余场。大力推进专业剧目创作，自主原创"红色记忆"大型音舞诗画舞台剧，演职人员共 500 余人，均来自滨城当地的居民、社团，充分彰显了源于人民、为了人民、属于人民的社会主义文艺立场，赢得社会各界的广泛好评，滨海演艺中心 2019 年入围全国剧院综合体 15 强。

（五）打造文化主题的文化长廊和市民中心，拓展文化服务新业态

充分拓展空间利用，策划"艺趣公园"、"廊桥市集"、"文化艺市"等品牌活动，着力打造高流量文旅商生态圈，拉动消费超亿元，滨海文化中心获评文旅部"国家级夜间文化和旅游消费集聚区"。积极拓宽消费流量入口，打造"津沽记忆"文化旅游休闲街，探索开展"滨城大舞台""滨城相亲角""小小讲解员"等活动，将场地和文化资源免费向市民开放，吸引滨城群众走进文艺殿堂，展示自身才艺，让每个人都成为城市文化的参与者、宣传者与传承者，更好地传播城市文旅形象。

三、主要做法及成效

为了搞好文化综合体的运维，把设施优势转化为服务优势，滨海新区人民政府明确了"公司化管理、市场化运营、公益性服务"的运营理念，组建天津市滨海新区文化中心投资管理有限公司作为滨海文化中心建设和运营的主体。充分发挥文化综合体场馆优势，整合事业和市场两种资源、两种业务，努力探索市场化运作的模式，闯出了一条大型文化综合体运营新路，实现了社会效益和经济效益双丰收，为美丽"滨城"文化建设发挥了十分重要的龙头作用，受到社会各界高度评价和充分肯定。

一是坚持公益优先。滨海文化中心始终践行"以人民为中心"的发展理念，树立公益优先的导向，坚决贯彻人民至上的理念，做到群众需要什么，中心就干什么，千方百计满足群众文化服务需求。滨海文化中心场馆除特定票务类的活动及空间，其他 90% 以上区域均全年免费向社会公众开

放，各文化场馆周开放时长平均在 60 小时以上，保障不同群体文化服务需要。年均开展各类主题文化活动 1100 余场，其中 800 余场为公益活动，占比超八成。坚持以群众满意为标准，重视群众反馈，通过线上留言、线下反馈等方式征求群众意见建议，通过 12345、微信、微博等渠道及时回应市民对于场馆公共文化服务的关心关切问题，第一时间问效于民，并定期回访，不断改进文化服务方式。

二是坚持市场反哺。积极推动公司加强市场化运营，用市场化收益反哺公益服务缺口，进一步降低地方财政压力。充分发掘滨海文化中心空间优势，延伸文化产业链条，配套打造文化主题商业街区，逆势引入一批文化特点突出的知名商户，吸引带动客流超过 200 万人次，拉动千万量级消费。进一步转化人的流量优势，通过打造文化艺术展、科学普及、文化艺市等高质低价公共文化产品，引入各类机构进入场馆开展"艺趣公园""廊桥市集"等主题文化活动，大力提升游客文化体验感和参与度，增强群众满意度，增加市场化收益。坚持文化"走出去"，将文化产品形成自有 IP，打包输出到大型商业综合体和旅游景区，年合同总额近千万元；参与世界智能大会筹备，牵头承办市场化运作、大会氛围营造、嘉宾接待等核心业务，营业收入超千万元。

三是坚持改革创新。为进一步增强市场化运营的深度、广度和专业度，文投公司从机构设置、制度建设、安全管理、人员配备、加大考核等方面加快改革，赋能高质量发展。在国资系统率先开展干部竞聘，配齐配强干部队伍。根据场馆空间和业务门类分别成立科技、演艺、文化艺术 3 家专业子公司，锻造专业队伍，为公共文化高质量发展奠定坚实基础。建立健全企业内控制度，搭建安全标准化管理体系，获评为滨海新区文旅商业场所消防安全标准化管理标杆企业。发挥考核指挥棒作用，将公益服务水平、市场化发展情况、场馆内控管理等纳入年度工作考核，团队战斗力持续提升。

滨海文化中心相关负责人表示："滨海文投公司将不断秉持'创新公共文化服务，引领城市文化运营'的企业使命，大胆探索文旅商融合新路，多维度促进假日文旅消费，全方位满足市民游客精神文化需求，努力为'滨城'文化繁荣工作做出更大贡献，也期待市民朋友们更多关注滨海文化中心的各项活动内容。"

四、案例点评

天津滨海文化中心是典型的整合资源助力文化获得的优质案例，将"五馆"结合，让广大市民朋友在一处即可触及多重文化。一是融合促发展。积极借鉴全域旅游的模式，坚持"全馆游"拓展图书馆旅游新价值，通过场馆景观化、阅读活动旅游化、消费体验化、传播数字化，推进公共图书馆与旅游服务在空间、功能、业态以及线上的深度融合，实现了阅读推广服务的高质量发展。二是专业促质量。大力推进专业剧目创作，自主原创"红色记忆"大型音舞诗画舞台剧，演职人员来自滨城当地的居民、社团，充分彰显了源于人民、为了人民、属于人民的社会主义文艺立场，赢得社会各界的广泛好评。三是精品促认同。精品思维提升美育服务水平，滨海美术馆以盐晶为造型，为艺术品展览展示、学术研究、活动推广、艺术收藏以及文化交流活动提供了空间和展示舞台，滨海科技馆开馆后，引入科技感强、人气高的展项百余个，为市民普及科学知识、弘扬科学精神提供了场所。四是创新促全面。该中心是国内第一座能够提供从幼儿到老年这一全生命周期所需的文化娱乐、电影观看、运动健身等服务场所，进一步丰富了市民对休闲文化生活和艺术培训服务的选择。

天津滨海文化中心改革以往文化馆、图书馆、科技馆、艺术馆等多馆单一机构，多渠道共同并进，以人民需求为导向，利用线上平台将各种文化资源、商业资源、服务资源等共同整合于一体，让天津市民对文化汲取变成一种享受，从而实现市民精神生活共同富裕。

第四节　本章小结

公共数字文化服务通过文化资源整合手段让文化获得变得更为普遍。通过丰富多样的文化内容，人们能够拓展自己的思维，增长知识，提高审美素养，培养独立思考和创新能力。公共文化服务能够激发人们对文化的兴趣，增进对传统文化和当代文化的认知与理解，促进社会成员的文化自觉与文化自信。公共数字文化服务作为一种重要的文化政策，对于满足人们的文化需求，推动文化传承与创新，促进社会的共同富裕，促进人民精神生活共同富裕具有重要价值。馆所功能整合，线上线下结合不断完善和发展公共文化服务，在数字化时代，驱动文化更好地融入人们的日常生活，在社会进步和发展的同时提升精神境界。

第六章

公共数字文化服务供给推动文化享受

文化享受是促进精神生活共同富裕的重要环节，公共数字文化服务供给成为推动文化享受的重要引擎。这一数字时代的新型文化服务模式以其高效、便捷、丰富的特点，不仅改变了人们获取文化信息和享受文化产品的方式，更为广大社会成员提供了更为多元化的文化体验。在数字技术服务的支持下，文化资源得以数字化、网络化传播，为社会大众提供了更广泛的文化选择空间，极大地促进了文化享受的普及和深化。

第一节　公共数字文化服务的公益性 促进文化享受

一、公益性的概念内涵

公共数字文化服务作为一种公共服务，公益性是基本要求。当前学界对于公益性（或公共利益）的内涵与外延缺乏清晰的界定，而几乎所有官方决策者、媒体和公众在使用这一概念时，也缺乏明确的界定。这种状况所导致的结果是，不同的人在使用这一概念时，所指称的对象可能存在差异（张海柱，2013）。但是在面对一项特定的公益性项目或者服务时，需要什么样的干预形式，是监管、付费，还是直接提供，"公益性"这个概念会因过于空泛而没有实际操作意义，并不能说明政府应该扮演什么角色（李玉涛，2011）。

布坎南（2002）所认为的公益的公共性意味着所有人均可分享从资源中产生出来的利益。一种理解认为可以从公益性的对立概念——私益性来理解其含义。私益性可以理解为能够满足个人的需求或效用的性质。在某人的个人私益得以实现的过程中，他需要为此支付相应的成本。该过程不存在明显的收益外溢现象，即其他人无法从该人的私益实现过程中受益。而如果直接受益者之外的其他人也可以从中获益（经济的或非经济的），即出现了明显的收益外溢现象时，就可以说是体现了公益性。

还有一种理解将公益性的体现归结为两个层面：物品（或服务）自身的属性以及供给过程的特征。从物品属性来看，公共物品所具有的非竞争性或非排他性，以及明显的外部效应等，都会导致该类物品具有公益属性。而从供给环节考察公益性的体现，则具体表现为（如医疗服务供给的）可及性（减少排队时间）、可得性（低价或免费）和高质量等特征（邓大松和徐芳，2012）。

事实上，学界对于"公益性"的理解并不限于以上几种。最为广泛的如对医疗卫生领域中公益性的概念进行的内容分析，当前对于"公益性"的界定多达16种，对于公益性的表现、淡化的原因及实现路径等，也均存在多种理解（邓大松和徐芳，2012）。

公益性是一个广泛的概念，通常用来描述那些旨在促进社会福祉、造福社会大众，而不是个人私利的活动、组织或项目，其所带来的公益性活动的首要目标是提高社会的整体福祉，包括改善人们的生活质量、保护环境、提供社会服务等。这些活动通常针对一般大众或弱势群体，旨在解决社会问题和不平等现象，并且一定是具有非营利性质，意味着它们不追求营利，而是将所得资金用于支持其宗旨和活动。公益性活动体现了社会责任感，即对社会和环境的责任，这意味着它们致力于解决社会问题、推动社会变革、提高社会公平性，并承担起维护可持续性和社会正义的责任。

公益性组织通常设立明确的社会目标，通过一系列计划和项目来实现这些目标。它们的成功通常以实现社会变革、提高生活质量、推动可持续发展等指标来衡量。公益性活动依赖于公众的支持和参与，包括捐赠、志愿者工作、社会参与和意识倡导，这种参与有助于扩大活动的影响范围。例如，慈善组织、社会福利机构、环保组织、教育机构、医疗服务提供者、文化艺术机构等公益性活动。致力于解决贫困、教育不平等、环境问题、健康问题、文化保护等多种社会挑战。总的来说，公益性的概念强调了为社会福祉服务、不谋求个人或商业利益的原则，并在社会中起着重要的作用，有助于改善人们的生活质量和社会的整体状况。公共数字文化服务不仅作为一种公共服务，同样也是一项公益性项目。

二、公益性与文化享受的关系

（一）新时代背景下的文化享有权保障文化享受

党的二十大报告中将公共文化服务体系建设作为共同富裕的路径来强调，指出要确立和坚持马克思主义在意识形态领域指导地位的根本制度，社会主义核心价值观广泛传播，中华优秀传统文化得到创造性转化、创新性发展，文化事业日益繁荣，网络生态持续向好，意识形态领域形势发生全局性、根本性转变。繁荣发展文化事业和文化产业，坚持以人民为中心的创作导向，推出更多增强人民精神力量的优秀作品，健全现代公共文化服务体系，实施重大文化产业项目带动战略。增强中华文明传播力、影响力，坚守中华文化立场，讲好中国故事、传播好中国声音，展现可信、可爱、可敬的中国形象，推动中华文化更好走向世界。健全基本公共服务体系，提高公共服务水平，增强均衡性和可及性，扎实推进共同富裕。公共文化服务作为一种公益性项目，来保证公民的文化所需、文化所享。

党的二十大报告中可以解读到国家层面对于推动公众文化享受的意志，也是对文化权利论中的文化享有权的回应。文化享有权是指每个人都有权利参与、表达、发展和维护自己的文化，而不会受到歧视或干涉。文化享有权包括了言论自由、文化自由、艺术自由、参与文化生活的权利等，对这些权利的保护有助于维护多元文化社会的和谐与稳定，旨在确保每个人都能够自由地参与、表达和享受文化活动，通过保障文化权利，社会努力促进文化多样性、文化交流和文化和谐，以提高人们的文化享受和文化权益。

文化享受是个人或社会从自己的文化传统和多元文化环境中获得愉悦、满足和丰富的经验。参与各种文化活动、文化艺术表演、参观博物馆、阅读文学作品、参与传统节庆等获得文化享受权。文化享受是文化权利的一部分，它关注个人和社群对文化生活的积极参与和享受。文化是人权体系中联结文化权利和文化享受的关键词，文化享有权确保每个人都有权利维护和发展自己的文化，而文化享受则关注人们从文化活动中获得快乐和满足的能力。文化享受权有助于保护文化多样性、促进文化交流与理解以及维护个人和社群的文化身份。

（二）公共数字文化服务的公益性助力文化享受

"文化—公共文化—公益数字文化—公共数字文化"构建了完善的公共数字文化事业发展链。公益性是个别的，公共性是所有的，由公益性到公共性的转变，意味着公众的需求发生了明显改变，人民群众对文化服务的需求日益增加（高岚等，2023）。公共数字文化与公共文化都以国家财政投入为基础，以满足人们对文化的基本需求为最终目标；区别在于公共数字文化服务以传播网络迅速化、服务范围广泛化、操作技术智能化、资源数字多元化、监督管理实体化为形式，是具有公益性、普惠性、均等性、公开性、透明性、互动性等特点的一种新型文化形式，是公共文化服务的升级版。公共数字文化服务区别于传统公共文化形式，融合了数字化的特点，以更快的传播速度，满足更多人的文化需求，是保障文化享有权的重要路径。

公共数字文化服务的研究主要包括数字图书馆、"互联网+文化"、数字赋能公共文化、电子阅览室、公共数字文化资源整合、公共文化云、"一站式"公共文化服务平台、智慧图书馆、"集成式"公共文化服务平台以及公共数字文化服务使用影响因素等。满足人民群众的多样化文化需求，积极将数字技术应用于公共文化服务领域，将文化信息资源转化成数字化存在形态，通过网络这一载体将公共数字文化服务平台的数字化文化资源进行传播，从而保证群众的文化权益，满足群众日益增长的多元化文化需求。

公共数字文化服务的公益性可以显著促进文化享受，让更多人在数字化时代共享丰富的文化资源和体验。公共数字文化服务的公益性质使得文化资源得以广泛普及，不再局限于特定地区或特定人群。提供多样化的文化体验，促进文化多样性，提升公众文化享受的质量。公共数字文化服务的公益性也有助于学术研究的开展，学者和研究者可以通过数字化资源进行深入的研究和交流，推动文化研究的进步。综上，公共数字文化服务的公益性是文化享受保障的基石。通过数字化平台，广泛传播文化资源，人们能够方便地获取到丰富多样的文化内容，促进文化传承、多样性和交流。公共数字文化服务在推动文化享受和文化普及化方面发挥着重要的社会功能。

（三）公共数字文化服务打造公益性项目助推文化享受

首先，公共数字文化服务作为一种公益性项目具有显著的公益性，积极的助推人们的文化享受。公共文化服务数字化平台，让人们不受空间和时间的约束，公平地访问各类艺术品、历史档案、文学作品和音乐，实现了文化的普及化，有助于文化素养的加强，促进社会中更广泛的文化参与。其次，数字化技术允许文化机构创建高质量的数字档案，以保护和保存珍贵的文化遗产，有助于研究人员通过这些数字资源深入地开展文化研究，形成丰富的文化遗产加以传递。在线文化资源的共享促进了不同文化之间的对话，有助于人们更好地理解其他文化的过去、价值观和传统，打破文化隔阂、促进文化多样性和社会和谐。

公共数字文化服务的公益性为社会提供了无与伦比的机会，通过数字技术使文化资源更广泛地利用，并在文化保护、学术研究和跨文化交流方面发挥主导作用。不仅有助于文化的传播和享受，还推动文化的可持续发展和传承。

三、公共数字文化服务公益性的政策实践

21 世纪以来，国家相继出台了多部政策来推动公共及数字文化服务的发展，促使我国的文化事业真正地为民所用。2006 年，《"十一五"时期文化发展规划纲要》明确提出公共文化服务的概念，并首次将公共文化服务作为我国文化发展的重要组成部分。在网络化、数字化环境下，公共文化服务可以通过多样的方式得以呈现，公益性数字文化服务体系即是公共文化服务在数字化环境下的重要表现和服务方式。《全国文化信息共享工程》《加强公共数字文化建设的指导意见》等一系列政策相继出台，反映了政府从政策上对公益性数字文化服务体系的支持与重视。

现有的公益性数字文化服务体系包含三个部分，即文化信息共享工程、数字图书馆推广工程、公共阅览室三大惠民工程。2006 年后，政府相继出台了一些政策来推动公共文化服务的发展，从中央层面来看，党的十七大报告提出了到 2020 年前基本建立覆盖全社会的公共文化服务体系；2007 年，文化部在《关于加强公共文化服务体系的若干意见》中提出了需要实施的多项重大公共文化服务工程；2011 年，文化部发布《关于进一步加强公共数字文化建设的指导意见》，肯定了构建数字文化服务体系的重要性，旨在构建数字化、信息化、网络化环境下文化服务的新平台，为广大群众提供公益均等、丰富便捷的数字文化服务。同年，国家设立首批公共文化服务体系建设示范区，北京、苏州、东莞等示范区相继创建，其中苏州市设立了内容丰富的苏州公共文化服务信息平台，包括其公共文化服务建设的相关政策、方案，文化设施状况，各类文化活动信息等，有效地向民众实现了文化信息推介。2012 年，《国家"十二五"文化改革发展纲要》中要求加快构建公共文化服务体系，强调文化产品的供给水平以及城乡文化服务的一体化发展。同时，地方政府根据中央文件结合本地实际发展公共文化服务。2022 年 5 月，中共中央办公厅、国务院办公厅印发了《关于推进实施国家文化数字化战略的意见》，明确指出到"十四五"时

期末，基本建成文化数字化基础设施和服务平台，形成线上线下融合互动、立体覆盖的文化服务供给体系。到 2035 年，建成物理分布、逻辑关联、快速链接、高效搜索、全面共享、重点集成的国家文化大数据体系，中华文化全景呈现，中华文化数字化成果全民共享。

我国公共数字文化服务公益性的表现最终目的就是均等、公正、基本免费地向全社会各阶层民众提供数字文化服务，让广大公众受益。国家各项政策和文件中基本秉持了公益、公正、惠民这一原则，在政策文件及财政上都极大地支持数字文化服务体系的构建，在其构建过程中，各项成果的实现也反映了公益性、惠民性这一特点。从发布的相关政策来看具有集中与分散相结合的特点。其一，从政策的发布主体上看，一般由国家发布总的政策或指导意见，如三大惠民工程都是由国家来领导的，其形式是自上而下层层管理的，地方各级政府结合各地实际实施，扩大数字文化服务体系覆盖面和服务面。其二，从内容上看，国家以数字文化服务体系为主题发布了一系列政策，作为构建数字服务平台的指向标，政府针对这三大工程分别制定了不同的政策，阐释了其概念、构建目标及具体措施。在这三大工程以外，数字文化服务体系应该包含更多的内容，未来数字出版、数字影视、数字移动服务等都应该成为数字文化服务体系的组成部分，因此，需相继出台更有针对性的政策。

第二节　公共数字文化服务供给支撑精神生活共同富裕

公共数字文化服务具备公益性，秉持服务的理念来满足公众的需求，从而给公众带来文化享受，支撑精神生活共同富裕。在公共文化服务早期阶段，许多基层公共图书馆，农村文化角经常会出现"旱地授渔"、

"北种水稻"等不符合现实状况的尴尬情况。大部分的文化资源仅仅是在角落里默默积灰，未对公众形成吸引。如今的公共数字文化服务，采取公众"点菜"，政府"上菜"的理念，建立渠道让人民群众能够提出真正感兴趣且有效的需求，促进文化服务落地。回应了新公共服务理论的"服务型政府"要求，让人民群众真切享受服务，主动地感悟文化力量，实现精神上的富裕。

文化发展与经济发展相辅相成，民众的文化享受也是我国社会发展水平的重要指标。在构建公共文化服务体系及发布的有关政策中，需要认清广大社会公众现实的文化需求。就公益性数字文化服务体系来说，其地理服务范围包括城乡居民，服务范围十分广泛，因此就存在具有不同文化需求的民众。在城市等经济发达地区，由于经济水平、教育水平较高，文化需求深入化、专业化、多样化，城市文化服务需深入社区、街道等角落。而在广大的农村地区，民众对于文化需求集中在文化欣赏阶段，需要明确的是，文化服务不仅仅是歌唱、舞蹈等形式的文艺活动，对于知识的传播、普及、获取等也是文化的重要组成部分，在农村地区，其文化服务相对狭隘，需要突破农村地区对于文化需求的传统模式，将广义的文化服务体系植入广大农村。

从上述可见，不同的人群具有不同的文化需求，因此公益性数字文化服务体系的构建需要结合各自的需求，实事求是地实施，尤其是在体系的内容方面，包括文化产品和内容，需要因人因地而异；同时，在文化服务的方式上，也需要有所不同，以通用化与个性化相结合的方式进行服务。当前，三大惠民工程作为公益性数字文化服务体系的主体部分，是否真正能为民众服务，公共电子阅览室是否能真正创造健康的上网环境而不是变相成网吧，这就需要完善的评价体系和反馈机制，这也是政府在后期的政策制定时需要关注的问题。

21世纪以来，数字内容产业发展迅速，极大地影响着人们的生产生活方式，将数字内容产业中的相关产品融入数字文化服务体系中，可以充实数字文化服务体系的内容和服务范围。数字内容产业是指将图像、字符、影像、语音等资料加以数字化并整合运用的技术、产品或服务，包含数字游戏、电脑动画、数字学习、数位影音应用、行动应用服务、网络服务、内容软体及数位出版典藏八大领域（王斌和蔡宏波，2010）。数字内容产业包含的几大领域都可以成为公益性数字文化服务体系的内容来源和供应源，其包含的数字内容或产品具有前沿性、丰富性的特点，可以满足更为广泛的数字文化需求。

公共数字文化服务的相关研究较为完备，都始终以公众的文化需求为基本目标，也是公共数字文化服务建设的初衷。在现有研究中，包含公共数字文化用户角度的使用满意度，从政府角度的公共数字文化服务建设、维护以及监督等，创办区域公共数字文化网站的模式、公共数字文化服务的政策驱动、公共数字文化服务的网站功能以及资源建设类型等。尽管公共数字文化服务不断地进行资源整合、平台网络建设，进一步强化了公共文化服务的标准化和便捷化，但是与公众需求的高质量的文化需求与多元化的文化资源相比还有一定差距。公共数字文化服务的供给与需求不匹配、公众不了解公共数字文化服务、公共数字文化服务用户使用的满意度极低等问题（韦景竹等，2015）；我国的公共数字文化服务在资源上没有专一性，且易用性不高，在供求关系上还表现出明显的偏差，信息不匹配等问题（汝萌和李岱，2017）。

公共数字文化服务供给为精神生活的共同富裕提供了坚实的支撑，公共数字文化服务强调公益性质，目标是为了让更多人能够平等地享受文化资源和文化体验。这种公益性质确保了文化获得的普及化，从而推动全社会的精神生活共同富裕。在平等和包容原则下，公共数字文化服务通过数字化技术，打破了传统文化获得的限制，为不同背景、不同群体的人们提供了平等的文化享受机会。无论是城市还是农村，年轻人还是老年人，都可以通过数字渠道接触到丰富多样的文化内容，促进社会的包容性和文化的多元性。这种平衡的态度有助于推动文化的传承和发展，让传统文化与现代创意相结合，为精神生活带来新的活力和体验。教育者可以借助数字化资源丰富教学内容，学生可以通过数字平台开展自主学习。这有助于提高全社会的文化素养和教育水平，推动精神生活的共同富裕。公共数字文化服务鼓励社会大众的参与，让公众成为文化的创作者和传播者。通过数字展览、互动活动等，公众可以积极参与文化体验和交流，提高对文化的认知和满足感，从而推动社会的文化共融。

文化享受作为精神生活共同富裕的重要部分，是精神获得的基础条件，积极的文化享受会给精神体验带来良好正向反馈，同时会极大地形成良性循环，让人们在对文化进行汲取后，真正产生一种蓬勃向上的力量。通过感受文化带来的享受，在精神上获得文化带来的愉悦与充实，精神体验得到了升华，只有这样才能真正做到对文化的精神信仰，最终对文化服务的需求形成习惯，感受知识的魅力，同时自身的境界也得到了提升，精神生活变得富裕，思想意识得到充盈。

总的来说，公共数字文化服务理念的支撑使得文化资源的共享更加广泛、便捷和多样化，促进了文化的传承、多元性和创新，增强了社会的文化认同感和归属感。这种公益性的服务模式为全社会带来了更加丰富、多样、充实的精神生活，从而推动了精神生活的共同富裕。

第三节　公共数字文化服务供给助推 文化享受的案例

一、案例背景[①]

近年来，南宁市积极推进"文化+科技"融合发展，推出了一系列数字公共文化服务，不断加快线上文化新业态布局，让群众指尖轻点即可乐

---

① 本案例内容根据南宁市江南区文化广电体育和旅游局网站内容整理改编，http://www.nnjn.gov.cn/zl/nnsjnqwhgdtyhlyj/gzdt_35706/t5720373.html。

享智慧文化生活，持续促进其文化产业数字化发展。通过完善全市的大面积文化覆盖率，利用数字化技术助推文化享受，满足广大市民的精神文化需求。"指尖云游"南宁市群众艺术馆、数字图书馆、"乐游南宁"智慧文旅平台等方面的创新性措施，展示了数字技术在提供公共文化服务上的积极作用。

南宁市在充实数字资源、加强数字应用、开展数字云服务等方面，提升数字图书馆服务效能，建立以南宁市图书馆为中心馆，各县区图书馆为分馆的多层级总分馆分布式集群，多馆协同合作，并通过打造南宁市社区24小时自助图书馆、成立北部湾图书馆服务联盟等，大面积地实现文化供给，让群众随时随地都能接触文化服务，构建起一个优势互补、资源共享、服务联动的公共文化服务网络，取得良好社会效益。

二、主要做法及成效

（一）"指尖云游"南宁市群众艺术馆

"指尖云游"南宁市群众艺术馆进入"南宁市群众艺术馆"微信公众号，点击菜单栏"互动服务——智慧孪生体验空间"，熟悉的南宁市群众艺术馆外景图映入眼帘。智慧孪生体验空间通过虚拟全景 VR 还原南宁市群众艺术馆真实场景，让人们不再受时间和空间的限制，只要有一部手机，动动手指，足不出户就可以随时随地来一场沉浸式"指尖云游"。这一数字化创新通过虚拟全景 VR 还原艺术馆真实场景，解除了时间和空间的限制，使市民足不出户即可进行艺术馆的虚拟游览。通过"导航"和"VR 漫游"功能，市民可以灵活地选择参观路线，同时提供了真人讲解服务和杂志 3D 资源，进一步丰富了文化享受。馆内部分区域还提供真人讲解服务，点击顶部"真人讲解"，选择讲解地点即可前往收听。此外，智慧孪生体验空间中还提供杂志 3D 资源，点击"3D 阅读"图标即可查看，选择杂志后可直接在线阅读。此外，点击"活动预约"和"直播活动"，还可以在线预约参加馆内活动和线上观看文化馆直播节目。

（二）充实数字资源，夯实数字服务基础

2021 年至今，南宁市图书馆已牵头完成南宁故事游、南宁地方文史资

料数据库等南宁市数字图书馆推广工程数字资源联合建设项目。南宁市数字图书馆拥有电子图书 33 万种，东盟特色专题库、智慧文旅平台等各类数字资源总量 170TB。南宁市图书馆数字资源平台提供的网络服务，让广大读者、企事业单位、教育部门、科研院所等不同用户获得知识的方式发生极大变化，可不受时间与空间的限制，在住宅、办公室、教室、实验室等地点通过互联网即可利用所需的信息资源。

（三）完善数字设备，丰富数字化应用场景

瀑布流电子书、智能机器人、智慧门禁、自助盘点机器人、电子书借阅机、自助借还机、自助办证等，南宁市图书馆里的一系列智慧化设备设施向读者提供一站式借阅服务。南宁市图书馆还建设大数据智慧墙，实现全天候数据实时统筹、分类展示、阅读排行、阅读推广、精准推送等功能；完善数字阅读体验区系列寓教于乐的数字阅读体验设备，让未成年人从小爱上阅读、爱上图书馆。

（四）开展数字云服务，丰富公共文化供给

以数字为引领，突破行业框架，实现与"爱南宁"App、"南宁智慧人社"App、广西社保卡、南宁市诚信卡等多种公共服务保障平台的服务融合。加强"文蕴"文旅资源共享平台、南宁市图书馆"两微一端一音"新媒体平台等多个智慧平台的建设和管理，实现微信扫码借书、支付宝免押信用借阅、社保卡免押办证等服务，让读者享受更便利、快捷的数字阅读体验。对全市社区 24 小时自助图书馆实施智慧化升级改造，实现实体借书证、电子借书证二维码、电子社保卡、身份证、市民卡等多种方式识别入馆，大大提高社区 24 小时自助图书馆的利用率。

（五）推进智慧文旅平台建设让群众"乐游南宁"

着力推进智慧文旅平台建设，智慧文旅平台"乐游南宁"App 及微信小程序项目已上线运营多年，成效良好。"乐游南宁"App 及微信小程序依托云计算、大数据、AI 等方面的技术积累，围绕旅游吃、住、行、游、购、娱六大要素，为游客提供实时文旅服务资讯、在线预订、景区导览、旅游直通车、预约入园等一站式线上服务功能。截至 2023 年 8 月，"乐游南宁"App 及微信小程序累计用户量达 110 万人次，上线旅游服务产品 3000 多个，累计订单量 120 万单，旅游直通车运行近 4 万班次，累计输送游客达 15 万人次，实现了交通、购物、研学、乡村游等一键"文旅+"。2021 年，"乐游南宁"App 及微信小程序入选国家文化和旅游部智慧旅游典型案例，特色旅游景点可视化定位、智慧旅游线路推荐功能和社交分享功能基本实现，数字文旅服务基础初步夯实。

南宁市公共数字文化服务平台将推动数字技术与数字文化服务相融合，实现文化馆场预约、票务预订、活动开展、服务配送、资源服务、用户行为等智能化管理与运作，并通过云计算技术对数据进行高效处理，形成反映当地文化、研学旅行、非遗等发展状况、构成和分布的可视化的"文化一张图"，同时将文化服务内容精准推送给不同需求的用户，有力提升南宁市公共文化服务效能。截至目前，南宁市公共数字文化服务平台项目已完成建设实施方案，项目建设进入实施阶段。

三、案例总结

南宁市通过公共数字文化服务平台整合全市公共文化资源，形成线上服务与线下服务有机结合的新型模式，为广大市民提供"一站式"公共文化服务，推动公共文化服务数字化、信息化、智能化发展。传统媒体与新媒体深度融合，通过抖音、微博等多种渠道，采取短视频、话题、视频直播与跨境展播等多种形式，融合 5G 新媒体视频等数字化技术手段，记录保存和鲜活展现各种民俗文化。同时，借助数字化技术多形式开展非物质文化遗产媒体宣传推广活动，广泛宣传南宁非遗的多彩斑斓，推动南宁优秀民俗文化走向东盟、走向世界，讲好"南宁故事"。

南宁市在数字公共文化服务方面取得了显著的成果，通过"文化+科技"融合，提高了文化服务的质量和效能。数字技术的创新应用不仅让文化服务更具智能性和便捷性，也推动了文化的数字化发展。通过全市各部门共同发力，保障充足的文化供给，满足群众的文化需求，带来极佳的文化享受。在未来，南宁市应继续整合数字资源，构建更为智慧化的文化服务平台，为市民提供更全面、个性化的公共文化服务，推动数字文化服务不断迈向新的高度。

第四节　本章小结

本章通过公共数字文化服务秉持的服务精神来回应公众需求，推动文化享受实现精神共同富裕。公共数字文化服务的服务理念是国家高度强调并且贯彻落实的指导意见，要秉持这种理念才能让公众真正享受文化，做到文化自觉。在这一背景下，公共数字文化服务应该以公众需求为导向，提供多样化、高质量的文化内容和服务，以实现这一理念。通过定制化服务方式，了解公众的兴趣和需求，提供个性化的文化服务。建立开放的平台，鼓励公众参与文化内容的创作、整理、翻译等，实现共建共享，增加公众的参与感和满足感，同时丰富文化资源。提供涵盖不同文化领域、时代和地区的内容，让公众有机会了解和体验各种文化形式，促进文化多样性的理解和尊重。提供丰富的文化教育资源，包括历史、艺术、哲学等方面的知识，帮助公众提升文化素养，增强对文化的认知和理解。通过各种媒体和社交平台，积极宣传和推广公共数字文化服务，提高公众意识和参与度，促进文化服务的普及和传播。总之，秉持服务精神的公共数字文化服务能够更好地满足公众需求，推动文化享受，促进精神生活共同富裕。通过持续不断地改进和创新，可以实现文化自觉的目标，让更多人受益于丰富多彩的文化体验。

第七章

开放公共数字文化服务扩大文化参与

公共数字文化服务的开放性为社会文化参与提供了前所未有的广阔空间与机会。在数字化时代，文化已不再是一种有限的资源，而是通过数字化手段得以广泛传播和共享。公共数字文化服务拓展了文化参与的边界，不仅使文化资源更容易被大众获取，更创造了多样的参与渠道和互动方式。这种开放性的服务模式，为社会各层面的人们提供了更多参与文化的途径，促使文化成为全体社会成员共同参与的公共领域，从而使精神富裕成为真正意义上的共同富裕。

第一节　公共数字文化服务的开放性加速
文化参与

一、开放性的概念内涵

公共数字文化服务的开放性以马克思主义文化理论为基础。马克思主义作为开放的理论，是随着时代和实践的发展不断变化的。马克思主义文化理论以马克思主义为总体指引，强调文化理论是与时俱进和不断发展的。习近平文化思想作为"一个不断展开的、开放式的思想体系"，承继马克思主义文化理论的开放性，立足于新时代党领导文化建设的实践、立志于建设社会主义文化强国的追求、展望于建设中华民族现代文明的目标，聚焦文化发展之时代需要、回应文化发展之时代关切，不断增添新时代文化建设各个方面的新思想新观点新论断，为创造新时代中国特色社会主义新文化提供指引，逐渐形成引领新时代新征程社会进步与思想升华的精神向导。

开放概念的含义存在不同看法，也有一些容易混淆的近似概念。开放这个词对国人而言并不陌生，改革开放是一个高频率使用的词语，人们都非常熟悉。开放概念在中国具有意识形态的含义，但是人们对这个概念存在着一些理解上的困难，必须进行适当的定义。西方国家对应的开放的英文单词是 Open，美国奥巴马政府于 2009 年也首次提出了开放概念，引发了政府开放性研究热潮，其包含了三个核心价值"透明、参与和协作"，事实上奥巴马的开放政府是基于法治和信息网络基础上有限的、形式上的开放，显示出美国政府应对全球化、后工业化社会的战略举措，美国开放政府实施的背景是"信息网络"革命，政府开放很大部分内容是关于信息公开、获取、使用的问题。关于开放政府的大部分工作中，无论是实施还是研究，强调的都是信息、数据以及支持访问、协作和易用的技术支持（Evans & Campos，2023）。

社会有其运行规律，只是社会规律存在着不同的表现形式和运行过程。人类社会的开放不能单纯从物理层面进行理解，有更深层次的价值含义，需要从社会关系视角理解。整个农业社会甚至工业社会的大部分时期，封闭作为褒义词是被鼓励的价值偏好，改革或开放作为贬义词为人们所排斥，"凡与'祖先的精神'相连的都'好'，与'创革'相连的都'坏'"（麦克里兰，2003）。法默尔（2005）则从另外一个层面定义了开放性，认为开放性不只意味着公共行政的实践，应以反权威的方式来建构和执行，也不只意味着要引入服务为导向的态度。开放性还意味着行政管理应尽力向共同体开放其所有的决策。

从文化属性来看，马克思主义与中华优秀传统文化都具有开放性和包容性的特征，都包含着对特定社会发展规律和治理规律的深刻洞察，虽然有着时空上的显著差异，但都属于人类优秀的文化成果，既是民族的又是世界的，必然会在诸多方面体现出契合性的一面（庄祺，2023）。马克思主义基本原理产生于资本主义社会，中华传统儒家文化形态是小农社会的产物，与封建主义文化相匹配而形成的文化形态，是一种落后的文化形态。中西两种文化相结合不是全方位的混合，而是马克思主义精髓和中华传统文化精华契合后升华式的结合，展现了两种文化内在的开放性和包容性，使之推动形成"第二个相结合"（祝贺等，2023）。澳大利亚学者哈特利和波茨（2017）从淡化群体身份角度提出重构群体认同模式的方案，他们通过创造新的开放性概念——亚部落（Demes，即知识生产/共享的社群）来对抗地区的封闭、保守，并以此作为文化发展动力，重新认识文化创新运作机制。开放性及包容性是文明得以延续的重要因素，文化身份的自觉是主体诉求的核心内容，文化建设需要将文化的参与性和开放性作为现代文化建制的内在要求（任珺，2020）。

所以，开放性的概念通常涉及多个领域，包括哲学、科学、教育、技术和文化等。哲学和思想上的开放性是一种思维方式，即愿意接受新观点、新想法和不同的观点，而不是封闭地坚持已有的信仰或观点。开放性思维通常表现为对多元化和复杂性的尊重，以及对不同文化、价值观和信仰的包容性。在科学领域，开放性指科学家和研究人员愿意分享其研究成果、数据和方法，以便其他人可以验证、复制和建立在这些基础上进行进一步研究，这有助于推动科学知识的发展和创新。在教育领域，开放性可以表示一种教育方法，鼓励学生主动参与、提出问题、探索知识，而不仅仅是接收信息。开放性教育强调学生的自主性和批判性思维，鼓励他们跨学科学习和实践解决问题的技能。在技术领域，开放性通常指开源软件、开放标准和开放数据等概念。开源软件是指可以公开访问和修改的软件代码，开放标准是一组公开的技术规范，而开放数据是可以自由获取和使用的数据资源。这些概念有助于促进技术创新、互操作性和信息共享。

总的来说，开放性的概念涉及对新思想、新信息和新方法的接受和尊重，以及促进合作、共享和学习的原则。在不同领域中，开放性都可以带来更多的机会、创新和进步。

二、公共数字文化服务开放性与文化参与

公共数字文化服务作为一种政府行为，包含多个领域，无论是从哲学、科学、教育、技术还是管理等，都应该将开放性贯彻始终。本书着重讨论的开放性是指通过开放的数字化平台和资源，促进公众更广泛、深入地参与和享受文化活动和资源的过程来凝聚民众的文化参与，其中公共数字文化服务所具备的开放性可以体现在多个方面。首先是在数字化平台和资源使用的开放性方面，公共数字文化服务可以提供开放的公共设施、数字化平台，使文化内容、艺术作品、历史资料等得以数字化存储、传播和访问。这些数字平台是多样化、易于使用的，以吸引和满足不同用户群体的需求，是一种非营利性的公共产品，带有公益性，面向广大群众提供开放性服务。公共文化设施免费开放，消除了广大公众进入公共文化服务场所的门槛，丰富了公共文化服务内容，给人民群众带来了实实在在的获得感。免费开放政策促进我国各级各类公共文化设施服务理念深刻变革，服务内容日益丰富，服务方式与时俱进，服务效能大幅提升。

开放性可以体现在共享和合作方面，开放性的文化服务鼓励各种文化机构、创作者、学者和国家文化等。文化无边，在共同合作下，共享他们的创作、知识和资源，这可以通过创意共享、合作创作、开源软件、展开交流、跨国对话等方式实现，从而促进文化创意的多样性和创新性，共享人类文化。有了这一开放性的原则，便会产生多样性的内容，开放性的文化服务势必会呈现多样性的文化内容，包括不同国家、地域、民族、语言、历史和艺术形式的作品。这有助于丰富文化体验，促进文化的传承和发展，极大地提高了用户参与和互动性。开放性的文化服务鼓励公众积极参与，如通过评论、分享、创作内容、参与讨论等方式与文化内容进行互动，增加用户的参与感和满足感，同时促进了文化的传播和交流，满足精

神上的富裕。

此外，公共数字文化服务的开放性可以促进文化知识的普及和教育。通过提供在线学习资源、数字图书馆、虚拟博物馆等，人们可以更便捷地获取文化知识，提升自己的文化素养。开放性的文化服务需要在技术、法律和经济层面上保障可持续发展，这包括版权管理、数字隐私、技术基础设施等方面的考虑，以确保文化创作者和参与者的权益得到尊重。

总之，公共数字文化服务的开放性可以增强文化参与的机会和体验，促进文化的多元发展，扩大文化参与，开放实践的同时也需要平衡好各种利益和考虑，如版权、作者隐私保护等，以实现持续的文化繁荣和创新。

三、公共数字文化服务开放性政策实践

从"十二五"时期，我国已开始大力推进公共数字文化建设，统筹实施了全国文化信息资源共享工程、数字图书馆推广工程、公共电子阅览室建设计划等重点公共数字文化工程。国家在"十二五""十三五""十四五"期间分别出台了《"十二五"时期文化改革发展规划纲要》《关于进一步加强公共数字文化建设的指导意见》《"十三五"时期公共数字文化建设规划》《"十四五"公共文化服务体系建设规划》《关于推进实施国家文化数字化战略的意见》等一系列政策，对公共文化数字化建设的背景、意义、目的、方向、目标、重点任务、重点工程、工作机制等作出战略部署，提出明确要求。进一步明确了公共数字文化服务建设体系，秉持开放包容的原则，让越来越多的人共同参与到文化建设这项伟大工程中来。

国家层面致力加强公共文化数字化建设。2019年，文化和旅游部办公厅印发《公共数字文化工程融合创新发展实施方案》的通知，要求以习近平新时代中国特色社会主义思想为指导，全面贯彻党的十九大和十九届二中、三中全会精神，培育和弘扬社会主义核心价值观，坚定文化自信，加强现代科技应用，充分挖掘数字文化服务发展潜力，广泛吸纳社会力量参与，推动公共数字文化工程全面融合发展，提升工程的覆盖面和实效

性，更好地发挥工程对现代公共文化服务体系的支撑作用。深入推进资源建设社会化，改革资源建设方式，扩大资源建设主体范围，系统内公共文化机构和系统外市场主体发挥各自优势，共同参与资源建设。拓宽资源传输渠道，逐步开放工程自有版权资源的使用权限，推进工程组织实施单位与市场主体、社会组织的合作，允许市场化平台、社会公共服务平台利用工程资源开展非营利性公共文化活动，拓展资源展示平台和传输渠道，提高人民群众获取资源的便利性。创新工程设施管理运营模式，鼓励各地开展工程设施的社会化运营。按照政府采购程序，通过招投标、委托等方式，引入市场力量或社会组织参与公共数字文化设施的管理和运营，参与工程软件平台的开发与维护，提高工程建设管理的专业化社会化水平。

从国家决策层到文化主管部门、各级政府，再到各级公共文化机构都达成共识。2021 年 6 月，文化和旅游部印发的《"十四五"公共文化服务体系建设规划》就将"推动公共文化服务数字化、网络化、智能化建设"作为公共文化服务体系建设的主要任务，重点聚焦数字文化内容资源和管理服务大数据资源建设、公共文化网络平台建设、公共文化服务智慧应用场景拓展等方面，将数据共享，对外开放。

2022 年 5 月，中共中央办公厅、国务院办公厅印发《关于推进实施国家文化数字化战略的意见》，强调统筹推进国家文化大数据体系、全国智慧图书馆体系和公共文化云建设，增强公共文化数字内容供给能力，提升公共文化服务数字化水平。2022 年 8 月，中共中央办公厅、国务院办公厅印发《"十四五"文化发展规划》并明确提出，注重完善公共文化设施网络、提升公共文化数字化水平、补齐公共文化服务短板、广泛开展群众文化活动等。要特别注重各级各类公共文化设施建设，打造新型城乡公共文化空间；打通各层级公共文化数字平台，打造公共文化数字资源库群，建设国家文化大数据体系。

2023 年 2 月，中共中央、国务院印发了《数字中国建设整体布局规划》，对数字文化建设作出顶层设计和战略安排。规划从大力发展网络文化、推进文化数字化发展、提升数字文化服务能力等方面提出，着力丰富数字文化产品、激活文化存量资源、发展文化新业态、培育文化消费新模式，以数字技术深化文化领域供给侧结构性改革，实现数字时代文化产品供给对群众文化需求的适配性，在更高水平和层次上满足人民日益增长的精神文化需求。

为推进公共图书馆等公共文化场馆免费开放和数字化发展，我国发布了一系列行业政策（见表 7-1），如 2022 年中共中央、国务院发布的《质量强国建设纲要》提出大力推动图书馆、博物馆等公共文化场馆数字化发展，加快线上线下服务融合。从国家出台的一系列政策中可以看出，公共数字文化服务设施建设，要积极创新，鼓励广大群众参与到建设中来，要真正让人民感受到文化自信的大国风范。政府或相关机构采取一系列政策和举措，以促进公共数字文化资源的开放共享、可访问性和可持续利用。这些政策旨在推动数字化文化的服务举措、传承和传播，以及促进数字文化内容的广泛利用和创新。政策要求将数字文化资源以开放数据的形式提供给公众，意味着文化数据可以自由获取和重用，以推动创新、教育和研究。建立在线平台或门户网站，以提供易于访问的数字文化资源。这些资源包括博物馆藏品、图书馆档案、历史文件等，这种开放性政策可以使公众更容易浏览和学习文化资源。

表 7-1 我国部分公共图书行业相关政策

发布时间	发布部门	政策名称	主要内容
2017年3月	国务院	"十三五"推进基本公共服务均等化规划	深入推进公共图书馆、博物馆、美术馆、文化馆和综合文化
2018年3月	国务院办公厅	国务院办公厅关于促进全域旅游发展的指导意见	加强旅游惠民便民服务，推动博物馆、纪念馆、全国爱国主义教育示范基地、美术馆、公共图书馆、文化馆、科技馆等免费开放
2019年12月	国家发展改革委、教育部等部门	关于促进"互联网+社会服务"发展的意见	鼓励发展互联网医院、数字图书馆、数字文化馆、虚拟博物馆、虚拟体育场馆、慕课（MOOC，大规模在线开放课程）等，推动社会服务领域优质资源放大利用、共享复用

续表

发布时间	发布部门	政策名称	主要内容
2019 年 12 月	中共中央、国务院	长江三角洲区域一体化发展规划纲要	推动美术馆、博物馆、图书馆和群众文化场馆区域联动共享，实现城市阅读一卡通、公共文化服务一网通、公共文化联展一站通、公共文化培训一体化
2021 年 3 月	全国人民代表大会	中华人民共和国国民经济和社会发展第十四个五年规划和 2035 年远景目标纲要	推进公共图书馆、文化馆、美术馆、博物馆等公共文化场馆免费开放和数字化发展
2021 年 3 月	文化和旅游部、国家发展改革委、财政部	文化和旅游部国家发展改革委财政部关于推动公共文化服务高质量发展的意见	鼓励有条件的公共图书馆、文化馆提炼开发文化IP，加强文创产品体系建设。加强公共文化服务品牌建设，在全国遴选推介公共图书馆优秀阅读品牌、文化馆（站）优秀艺术普及活动品牌
2021 年 8 月	中共中央办公厅、国务院办公厅	关于进一步加强非物质文化遗产保护工作的意见	利用文化馆（站）、图书馆、博物馆、美术馆等公共文化设施开展非物质文化遗产相关培训、展览、讲座、学术交流等活动
2021 年 10 月	国务院	"十四五"国家知识产权保护和运用规划	优化知识产权公共服务网点布局，提升高校、科研机构、科技社团、公共图书馆、科技情报机构、产业园区生产力促进机构等知识产权信息公共服务能力
2022 年 8 月	中共中央办公厅、国务院办公厅	"十四五"文化发展规划	加强文化馆、图书馆总分馆制建设。持续做好公共图书馆、文化馆（站）、美术馆、博物馆等公共文化场馆免费开放
2023 年 2 月	中共中央、国务院	质量强国建设纲要	大力推动图书馆、博物馆等公共文化场馆数字化发展，加快线上线下服务融合

资料来源：中国公共图书馆行业发展趋势分析与投资前景预测报告（2023—2030 年）。

　　我国各省份积极响应国家政策规划，对各自公共图书馆行业的发展做出了具体规划，支持当地公共图书馆行业稳定发展，建设一批重大公共文化服务场馆，拓展基层公共文化设施服务功能，推动公共图书馆、文化馆、博物馆、美术馆、艺术馆等公共文化机构融合联动。例如，2022 年 3 月，《宁夏回族自治区公共服务发展"十四五"规划》支持爱国主义教育示范基地、博物馆、美术馆、图书馆等公共文化设施免费开放，有序推动各类体育场地设施免费或低收费向社会开放；2021 年 12 月，《江西省"十四五"公共服务规划》推进公共图书馆、文化馆等公共文化设施达标建设，改善基层综合性文化服务设施条件，全面推进智慧广电服务网络和应急广播体系建设，建好管好用好各类宣传思想文化阵地；2022 年 11 月，《山西中部城市群高质量发展规划（2022—2035 年）》建立以社会保障卡为载体的居民服务"一卡通"管理模式，推动博物馆、美术馆、公共图书馆、文化馆（站）等公共文化设施跨市域联动共享，免费错时开放。

公共数字文化服务开放性政策具有重要的社会、文化和经济意义，一定的政策倾斜使文化资源通过数字化和便捷访问，更好地被广大群众所接触，从而确保更多人民的参与互动。更易被广泛的学生和研究人员访问和使用，有助于教育、研究和学习的发展，推动文化知识传播。公开的数字文化资源可以作为创新的基础，激发艺术、文化和科技创造力，创作者可以在这些资源的基础上构建新的作品，推动文化创新，也有助于数字文化产业的发展。通过数字文化资源的公共文化服务和创新利用，可以创造就业机会、促进经济增长，并吸引文化旅游等相关产业的投资。增强社会参与，使公众更容易访问政府信息和文化资源，有助于促进政府透明度和公众监督。开放性政策促进国际合作和文化交流，不同国家的文化资源可以更容易地在国际间共享，从而加强国际关系和文化交流。

总之，公共数字文化服务开放性政策有助于推动社会进步、文化多样性、经济发展和教育创新，其在数字时代具有重要意义，能够满足不同人群的需求，促进知识共享和社会发展。

第二节　文化开放拓展精神生活共同富裕

一、文化开放性的应用场景

开放性在公共数字文化服务中扮演着重要的角色。公共数字文化服务通常以开放获取的方式提供文化资源，意味着文化内容对大多数人免费或低成本可用。开放性使更多人能够轻松获得文化资源，消除了传统文化门槛和限制，从而拓宽了精神生活的可能性。人们可以在互联网上自由分享文化资讯、观点和体验，促进知识传播和文化互动。开放性还促进了文化多样性，通过数字平台，不同文化、语言和地区的文化内容都可以被轻松传播和访问，有助于保护和传承各种文化遗产，同时也让人们更容易了解和欣赏来自不同文化背景的作品。开放性加快了文化的多样性，丰富了个体的精神生活，也促进了文化的跨界交流。

开放性的公共数字文化服务为创作者和文化从业者提供了更广泛的展示和合作机会。他们可以在数字平台上分享自己的作品，吸引全球受众，与其他创作者合作创造新的文化产品。开放性有助于打破信息孤岛，减少信息不对称。公共数字文化服务的开放性意味着人们可以自由获取各种观点和信息，而不受局限于特定的信息源或受限制的信息渠道。这有助于提高公众的信息素养，促进理性思考和公共讨论。开放性是公共数字文化服务的核心特征之一，它通过提供开放获取、文化多样性、创意机会和信息流通等方式，拓宽了精神生活的范围，促进了文化共享、合作和进步。文化的开放性有助于开放精神的培养，推动精神生活共同富裕。

文化开放鼓励多样性、包容性和开放性的文化交流、传播和互动，以满足不同人群、不同国家的文化需求，促进文化的创新和发展。文化开放使人们可以接触到来自不同地域、背景、艺术形式和表达方式的文化内容。这样的多样性能够丰富人们的精神体验，拓宽他们的视野，让他们更深入地理解和欣赏不同的文化艺术。开放的文化环境鼓励人们参与各种文化活动，如艺术展览、音乐会、表演等，这些活动不仅让人们感受到来自不同文化的独特魅力，还有助于促进跨文化的交流与理解，减少对陌生的文化产生的误解和偏见。这种文化互动和交流，同时能促进创意和创新，文化开放为各种创作者提供了一个更广泛的平台，使他们可以在开放、包容的环境中表达自己的创意和观点，催生新的艺术形式、文化产品和创意产业，为社会创造经济价值。文化开放通过提供丰富的文化教育资源，如数字图书馆、在线学习平台、博物馆展览等，帮助人们提升自己的文化素养和知识水平，有助于培养更具开放思维和跨文化视野的人才。文化开放能够促进社会内不同群体之间的融合与互动，加强社会的凝聚力和共同认同感。通过了解和尊重不同文化，人们更容易建立跨越界限的联系，促进社会的和谐与共同富裕。

二、公共数字文化服务的开放性增进精神生活共同富裕

公共数字文化服务是指通过数字技术和互联网平台提供的文化资源和服务，以满足社会大众的文化需求。文化开放拓宽精神生活共同富裕是指通过这些公共数字文化服务，可以让更多的人获得、体验和分享丰富多样的文化资源，从而提高整个社会的精神生活水平，并促进共同富裕的目标。

开放的公共数字文化服务可以为人们提供丰富的文化信息和知识，包括文学、艺术、历史、哲学等各个领域的内容。通过数字化渠道，人们可以轻松获得不同学科的文化，改善文化获得，拓宽视野，提高自身文化素养。这种精神获得让个体更富有文化内涵，有助于提高他们的综合素质，同时也促进了社会的知识水平的共同提升。

开放的公共数字文化服务增进人们参与文化互动的机会，并提供丰富的文化体验。例如，在线艺术展览、虚拟博物馆、音乐会直播等。数字文化的参与和体验不仅可以让人们在物理层面上接触文化载体，还能够激发情感共鸣和创造性思维。让参与者充分感受到文化的魅力，提高生活的品质，改善精神体验。

开放的公共数字文化服务可以增进创造和发展机会，促进精神信念的多样性和包容性。通过数字平台，不同信念、哲学和文化观念的表达可以更广泛地传播，人们可以更容易地比较和尊重不同的文化和价值体系，有助于构建一个更加包容和多元化的社会，促进文化多样性的共同富裕。

公共数字文化服务的文化开放拓宽精神生活共同富裕，通过提供精神获得、精神体验和精神信仰的多样性，丰富了人们的精神生活，提高了整

个社会的文化水平，促进了共同富裕目标实现。这不仅有益于个体的发展和幸福，还有助于社会进步和和谐。文化开放为社会带来了丰富的文化资源和体验，推动了文化繁荣和创新，使人们的精神生活更加丰富多彩，并为社会的共同富裕和进步做出了积极贡献。

第三节 公共数字文化服务开放扩大
文化参与的案例

一、案例背景①

近年来，数字技术的快速发展为公共文化服务提供了全新的可能性。广东省惠州市文化馆充分利用这一机遇，通过数字技术手段的创新性探索，致力于构建全民艺术普及数字空间，从而推动文化社群的发展。惠州市文化馆位于惠城区江北市民乐园东路市文化艺术中心附楼，2009 年 9 月建成并于 2010 年 6 月 28 日正式启用。馆舍楼高三层，建筑面积 6222 平方米，设有 22 个培训功能室，1 个会议室、1 个展览厅。是市委、市政府的重点惠民工程，也是惠州市建设全国文明城市的标志性建筑之一，是一座高水准、高规格的公共文化活动阵地。2012 年被评为广东省十佳文化馆，2015 年被评为国家一级馆。惠州市文化馆以构建现代公共文化服务体系为目标，以"文化，让生活更美好"为切入点，推广全民艺术普及，为广大市民提供含公益培训、文艺演出、展览、讲座、影视、阅览、体验、在线艺术教育及免费提供场地空间等基本的公共文化服务，满足市民群众的基本文化需求。

---

① 本案例根据广东省文化和旅游厅网站内容整理改编，https：//whly. gd. gov. cn/gkmlpt/content/3/3177/post_ 3177661. html#2628。

广东省惠州市文化馆近年来在构建全民艺术普及数字空间方面的创新性探索，通过数字技术手段加强用户交互体验，成功打造高黏性、高参与度的文化社群。以"文惠圈"平台为媒介，通过开放数字服务，实现社会艺术普及机构提质升级。通过引入第三方合作，文化馆进一步丰富了公共文化数字服务内涵，提升了社群成员的参与感、获得感和新鲜感。该项目推动了互联网环境下社群服务的发展，提升了公共数字文化服务的开放性和有效性，为多元文化需求提供了个性化、特色化、品质化服务的范本。

二、主要做法

（一）艺术部落的建立与数字化转型

从2021年起，惠州市文化馆积极探索建立"粉丝"文化社群——艺术部落。通过将传统线下培训、展览、演出等活动迁移到互联网场景，成功实现了"线上线下融合并举"。这一举措不仅拓宽了文化参与的渠道，更提高了用户的交互体验，为公共数字文化服务注入了新的活力。

（二）"文惠圈"平台的开放性服务

文化馆以"文惠圈"平台为媒介，开放数字服务，通过面向社会开放的形式，帮助社会艺术普及机构更低门槛、更高效能地实现提质升级。积极引进第三方合作，与223家社会机构达成合作，不断丰富公共文化数字服务内涵，增强内容供给和产品吸引力。这一开放性的服务模式为更广泛的文化参与者提供了更多选择，同时促进了文化服务生态系统的协同发展。

（三）互联网环境下的社群服务与公共文化服务的提升

社群服务由社区走向社群已成为发展趋势，而惠州市文化馆通过"文惠圈"模式在互联网环境下成功推动了社群服务。线上线下相结合的方式更好地实现了供需对接、以需定供、以文会友、交流共享。这一模式有效提升了数字文化服务的精准性，尤其在公共文化服务高质量发展阶段，更好地适应了多样化、多层次、多方面的文化需求。

（四）社会力量参与与示范效应

项目中引入社会力量参与社群建设的有效途径，不仅提高了服务效能，同时展现了公共数字文化社群服务的发展前景。该项目具有引领示范价值，通过正确的理念和方式方法，引领各地结合所在区域群众的特点、实际情况，创造出更多个性化、特色化、品质化服务。这一示范效应为其他地区提供了有益的借鉴和推动思路。

三、主要成效

文化馆严格控制进馆的限流人数，分阶段分时段举办线下各类文化活动，"踏趣（Touch）艺术"春季公益培训、"非遗学堂"、"非遗手工坊"、"文化惠民大讲堂"、馆办艺术团队训练及老年大学合作培训班等活动的开展及可提供场馆免费预约，让市民群众走进文化馆享受公共文化服务的意愿提高，2021 年上半年进馆享受服务人数达 98352 人次。此外，市文化馆与本地新媒体"西子湖畔"合作，分别于 2 月、6 月推出"留惠过年艺起迎春"新年打卡活动和"人民的非遗人民共享"惠州非遗云投圩活动，总关注量达 511944 次①。

非遗手工坊、"电影公社"、"踏趣（Touch）艺术"艺术技能培训和"非遗学堂"春季班招生、馆办艺术团招募等活动，在一定程度上吸引了市民的关注度，维持了官网的访问量及新增注册量。侧面说明了市民对网上预约活动的接受度变高，公共数字文化服务逐渐成为市民享受文化惠民的主流模式。未来，可以通过持续的数字技术创新、社群活动的深化以及合作伙伴的不断拓展，进一步提升服务范围，满足不断变化的文化需求。鼓励其他地区借鉴这一成功经验，共同推动公共文化服务的全面提升。"文惠圈"项目推动了互联网环境下的社群服务，提升了公共数字文化服务的开放性、针对性和有效性。服务单元由社区走向社群是发展趋势。社群是有共同志愿、兴趣、爱好的人群的集合。而互联网、数字化可以打破时空的限制，做到跨地域、跨社区地将人群聚合，这种方式很好地与普遍性的公共文化服务互为补充。线上线下相结合，则可以更好地实现供需对

---

① 资料来源：惠州文化馆。

接、以需定供、以文会友、交流共享。"文惠圈"模式能有效提升数字文化服务的精准性，尤其在公共文化服务高质量发展阶段，能够更好地适应多样化、多层次、多方面的文化需求。同时，通过文化社群的方式，加强了市民的沟通联系、协商共事、文化凝聚，有助于基层治理、市民自治，是公共文化服务在基层治理中发挥作用的一种实现方式。

四、案例总结

广东省惠州市文化馆数字文化社群服务的创新性探索，从开放性与文化参与的角度为公共文化服务带来了新的启示。惠州市文化馆开辟了社会力量参与社群建设的有效途径，服务效能显著提升，同时呈现了公共数字文化社群服务的发展前景。该项目还具有引领示范价值，值得继续推动、深化。示范并非"全国统一模式"，而是以正确的理念和方式方法，引领各地结合所在区域群众的特点、实际情况，组合不同的社群，创造出更多的个性化、特色化、品质化服务。

第四节　本章小结

公共数字文化服务的开放性是指将文化资源数字化，并通过互联网等数字平台向公众提供免费开放、便捷的文化服务，以扩大文化参与和享受范围。开放性文化服务的扩大对于促进文化传承、创新和多元发展具有重要意义。开放公共数字文化服务的一些方式和特点包括，将图书、音乐、影像、艺术品等文化资源数字化，使其能够在互联网上流通和访问。提供免费或低成本的数字文化资源，使更多人能够获得和使用这些资源，降低文化参与的门槛。提供多样化的文化内容，包括不同类型、不同风格的作品，满足不同人群的兴趣和需求。通过社交媒体、在线评论、互动展览等方式，鼓励公众参与讨论、分享和创作，实现低门槛的文化交流与互动。主张包容开放的态度，开展跨国交流，促进文化机构、科技公司、艺术家等合作，创造新的文化体验和表现形式。制定合理的版权保护和收益分享机制，确保文化创作者和机构的权益，同时保障公众的合法权益。开放公共数字文化服务能够将文化资源带到更广大受众面前，促进文化的传承、创新和发展，促进精神获得、精神体验和精神信仰提升。

第八章
公共数字文化服务传承加速文化发展

人类文明是人类智慧和创造力不断传承发展的结果。大量世界文化遗产的传承保护是新时代文化发展的重要途径，是精神文明的源泉。随着时间的推移以及使用中的人为破损，大量文化遗产面临遗失、破损甚至被篡改的风险，发挥公共文化服务的体系性以及基本性特征，充分利用数字技术的智能化、信息化、便捷化以及交互性，可在传承中加速文化发展。

第一节　公共数字文化服务的数字性
加速文化传承

文化既有物质的形态，也有精神的形态。由于传承技术差异，不同时期两种形态的文化并不能同步流传并被后期应用，文化传承就成为一个社会、一个民族、一个国家乃至一个群体将价值观、习俗、艺术、语言等文化要素从一个时代传递到另一时代的重要环节。这个环节涵盖了知识、技能、信仰、价值观等多个层面，旨在确保社会系统的精神要素有机传承，延续历史和发展文化。文化传承在社会发展中起到了至关重要的基石作用，它有助于维护社会的身份认同，形成社会凝聚力并促进区域持续发展。

一、公共数字文化服务的传承性理解

随着时代的变迁，不同形态的文化以遗产的形式被保护和传承。文化遗产不只是有文化价值、历史意义，它对人类社会还有非常重要的启示作用与教育作用。对文化遗产的保护不仅是保留记忆，更重要的是要让后代从中吸取智慧和力量。文化遗产已经成为一个社会、一个国家文化发展的重要组成部分，对于新时代文化的发展和创新，乃至多样性的文化打造都有深远影响。通过保护和传承文化遗产，有助于人民群众更好地理解民族乃至国家的历史和文化根源，促进更强烈的文化认同感形成。文化遗产中蕴藏着丰富的创造性灵感，尤其是文化艺术、建筑作品、手工艺技术等所包含的技艺、审美价值为当代艺术家、设计师等提供了创新源泉，促进不同领域的文化创新和发展。

文化与大众的生产生活密切相关，渗透在经济社会的方方面面。文化的广泛性致使其传承过程具有主体多样性、程序复杂性、传承自觉性以及效果差异性等特征，缺乏强有力的传承动机，文化的失落以及破损甚至扭曲都难以避免，尤其是主流文化的传承在文化保护中显得重要且急迫，公共文化服务作为主流文化传播扩散的主渠道，具有主导性与权威性地位，通过公共文化服务的方式传承和保护文化是一个有效路径。

文化遗产纳入公共文化系统有助于文化传承。公共文化服务是将公共文化通过公共文化体系所汇聚的公共基础设施、公共文化服务终端以及政策进行主流文化扩散和服务的重要渠道。文化遗产中经过不同时代的传承系统筛选，已经将大量不适合现代文化系统的内容进行了清洗淘汰，一般都可以纳入公共文化体系，无论是古建筑、文艺作品、语言文字、手工制作、特色体育活动以及民间艺术等都是公共文化的重要表现，通过公共文化体系的归一化以及公共文化服务体系的扩散功能，可以进一步保护并利用文化遗产，并在利用中再创造和发展文化遗产，奠定丰富的公共文化内容基石。

二、数字性与文化传承发展的关系

文化一般包括物质文化、制度文化和心理文化。物质文化的传承通过有目的的保护以及修复可以做到较好的保留和传承，但制度文化和心理文化作为隐形文化难以流传。数字经济时代，数字技术以及智能化较好地弥补了相应文化的保留不足，通过文字记录、录音、录像、文字转述等方式予以较好的记载，对于丰富新时代的文化内容提供了历史视角的学习内容。

（一）丰富精神生活需要文化传承

随着物质生活的不断满足，广大人民对美好生活的追求更加多元，尤其是对精神生活的渴望超出了以往任何一个时代，而精神生活的供给时常会因物质生产与精神生产的局部不协调出现偏差，甚至与人民的期盼有差距。一个时代有一个时代的精神生活，而构成社会精神生活的精神生产、思想传播和精神享受过程，如果没有在历史的积淀基础上发展延伸，就会影响这个时代的精神文明建设的基础。

进入新时代，物质文明进入新阶段，物质的供给与人民的需求满足达到了较高的水平，但精神文明建设由于制度性制约以及心理文化的建设滞后等困扰，相对于物质文明建设速度还存在一定差距。一方面是物质文明的建设与精神文明的匹配度需要进一步提高；另一方面是精神文明的供给内容需要尽快扩大范围，如在文化传承基础上扩大精神文化的供给内容、形式以及形态，在传承基础上更好地保障精神文明建设。

人类向往美好的愿望就是社会进步的强大动力。但美好的满足具有继承性，人民对美好的理解是在已有物质生活和精神生活基础上结合时代要求进一步升华的结果，文化传承得越多越完整，新时代的精神生产基础就更加牢固，内容和形式就更加多样，更能匹配物质生产的丰富性，更好地满足人的需求。文化传承是物质生活和精神生活有机结合的重要形式，是支撑新的时代精神生活的重要基础。

（二）文化传承保护需要技术支撑

文化发展的重要传承方式是各类文化遗产。文化遗产通过多种形式表达历史、道德、信仰等方面的信息，借助历史事件、文物、建筑、表演、音乐等文化形态连接过去、现在和未来，是不同时代文化传承、创新和多样性发展的重要驱动力。同时，文化遗产承载了丰富的教育内容，对社会教育和意识形态有深远的影响。它还可以通过表达方式的生动性帮助人们塑造价值观，提升文化素养和统一道德观，甚至作为旅游资源的重要组成部分，吸引国内外游客观赏。

数字化既是公共文化服务的加速器，也是文化保护的重要技术支撑。文化涵盖了一国的历史、地理，与人的活动有关的风土人情、传统习俗、生活方式，与人的创造有关的文学艺术、行为规范、价值观念等形式，基本对应了物质形态、制度形态和心理形态三类，制度形态和心理形态的保留会受制于传承方式的不足，但数字技术的出现可以较好地弥补这个不足。尤其是广为流传的文化都成为各地的文化遗产，并能够转化为公共文化，借助公共文化服务体系更好地记载、保留、传播，进行保存和利用，有助于形成广泛的文化使用基础，确保文化传承。同时，智能技术的引入可以更好地将传统文化通过高科技的手段进行保护。例如，古建筑的设计，通过 CAD 电脑技术、数字孪生技术等的引入，将其结构进行解构并转化为可保存的设计图形式，既有助于已有建筑设计效果的保留，也可以方便现代建筑设计的借鉴，对古建筑设计文化起到了保留、继承与再利用的效果。数字化在公共文化保护中的应用就体现为数字性，将文化遗产以数字、数据以及智能的方式进行保存和利用。

（三）文化遗产的数字化助力人类文化共同体建设

文化遗产是一个国家的宝贵资源，也是国际交流与合作的桥梁，更是人类文化共同体建设的重要基础。不同地区、不同民族的文化遗产展示了丰富的地域文化多样性。保护和传承文化多样性有助于增强社会的凝聚力，促进不同文化之间的对话和理解。通过共同保护、展示和交流文化遗产，有助于增进国家间的文化交流和友好关系。文化遗产所体现的人类对艺术、文学和审美价值的不同追求，既是欣赏、表达和创作平台的内容基础，能丰富不同文化作品的供给，还为不同文化背景的群体研讨、分享提供了对象，有助于文化共同体的条件建设。部分文化遗产与自然环境紧密相关，保护文化遗产还涉及环境保护，通过文化遗产保护，可以协同促进可持续发展理念的传播和实践。

公共数字文化服务是采用数字手段保护文化遗产加速文化发展的重要路径。相较于传统的公共文化服务手段，数字化手段更能保护、留存和复现文化遗产。公共数字文化服务通过数字化手段对文物、古籍、艺术品等文化遗产进行转换、再现和复原，不仅可以减缓物质损耗，还可以应对自然灾害、人为破坏等风险，确保文化遗产得以长期传承。数字媒体以高清、多角度的形式记录文化遗产，为后代传承提供了珍贵资源。利用数字手段虚拟重建、还原古代建筑、遗址等，创造虚拟环境体验古代文化，增进现代人对历史的理解和感受，沉浸式的文化体验能加深人的文化认知，同时促进数字化文化档案和数据库建设，丰富不同学科的研究资料，进而推动公共文化领域的学术发展。

公共数字文化服务还可以创建数字化的文化展览，向公众呈现文化遗产的多样性。数字展览通过线上线下互动技术、多媒体等方式，提供更生动、易懂的文化普及教育，促进文化认知和理解，也推动不同地区、国家的文化遗产通过数字化合作进行共享和保护。数字化有效地提升了跨国界的合作便利度，促进并推动了文化遗产保护经验和资源的交流、分享，有助于文化共同体建设。数字平台及时传播各类文化遗产，吸引更多人参与文化展示和体验，互动交流促进文化发展。数字化还有助于更有效的文化遗产保护策略构建，利用数据分析可以了解文化遗产的受众、使用情况等，为保护和发展提供科学依据，推动文化遗产的可持续发展。

公共数字文化服务通过数字手段保护文化遗产，不仅更大范围地保护和传承各国优秀文化遗产，还为文化领域的发展提供了丰富特色资源和开展创新的可能性，尤其是为跨越国界的文化共同体建设提供了基础，促进了文化的多元性和持续发展。

三、公共数字文化服务传承文化的政策实践

党的二十大报告将"举旗帜、聚民心、育新人、兴文化、展形象"作

为社会主义文化强国建设的五个目标，并将社会主义文化指向民族的、科学的、大众的文化，是实现中华民族伟大复兴的精神力量，明确了公共文化建设在社会主义文化建设目标实现进程中的大任以及担当。同时，党的二十大报告部署了实施国家文化数字化战略，健全现代公共文化服务体系，创新实施文化惠民工程战略，进一步强化了公共数字文化服务在文化传承、创新发展中的建设地位。梳理公共数字文化服务有关传承文化发展的政策有助于在文化强国建设背景下，融合数字化与公共文化服务战略，推动公共数字文化服务的政策完善。

（一）高质量文化资源数字化助力公共文化内容建设

公共文化服务的发展前提是高质量的公共文化资源。习近平总书记指出：新形势下，要发掘和用好丰富的文化资源，大力推进文化建设。丰富文化资源是化解当下人民对美好生活的向往与不平衡不充分发展之间的矛盾的重要前提，是公共文化内容建设的必由之路。大量的文化遗产就是公共文化的重要源泉，但需要科学的保护与适度的创造产生新的文化形态，一方面是复现历史文化，另一方面是结合新时代的元素再创造文化，提供更加丰富多彩的公共文化内容。习近平总书记在2014年文艺工作座谈会上强调，由于文字数码化、书籍图像化、阅读网络化等发展，文艺乃至社会文化面临着重大变革……要适应形势发展，抓好网络文艺创作生产，加强正面引导力度，网络创造在社会建设中的作用以及提升公共文化基本性的地位，凸显数字技术的应用改善了公共文化产品供给与群众文化需求的适配性，依托文化遗产的加工和再造提供了高质量的文化资源，在更高水平和层次上满足人民的精神文化需求。

我国的公共文化发展历程充分发挥了文物、非物质遗产等资源的基础性作用。为了保障公共文化的基本性、公益性、均等性与便利性，国家出台了一系列政策助力公共文化数字资源建设，尤其是"十二五"以来，政策范围与内容更好地聚焦了数字文化资源的建设与应用。2011年，文化部和财政部出台的《关于进一步加强公共数字文化建设的指导意见》再次明确了公共数字文化建设与非物质文化资产整合的目标任务，随后的《中华人民共和国文物保护法》《中华人民共和国非物质文化遗产法》更是从立法的角度强调了文物、非遗的数字化保护问题，2023 年，中共中央、国务院印发了《数字中国建设整体布局规划》，将网络文化、文化数字化作为重要着力点，突出了文化存量资源的激活，再次开启了数字化建设公共文化内容的新航道。

（二）文化场馆数字化加力公共文化时空服务

数字技术拓宽了公共文化服务的时空范围。文化传承的重要形式是体验驱动的文化感知，通俗易懂、积极向上、喜闻乐见的文化产品是文化感知的源泉。图书馆、博物馆、档案馆等公共文化服务载体提供了大量的文字、藏品、记录等文化内容，讲解服务、文创开发、导览展示以及研学互动等方式是吸引公众前往感知体验的有效形式，但由于各类场馆的容量有限、体验者自身时间和距离约束，公共场馆的服务时效受到了相应限制，数字文化场馆的出现则有效破解了服务的时空限制，尤其是数字博物馆、数字美术馆、数字文化馆、数字图书馆、数字档案馆、数字爱国主义教育基地的建设打造了全方位、多层次、多维度的公共数字文化服务体系，整合了非遗静态资源与讲解、表演、展示等动态服务资源，延伸了公众体验高质量公共文化服务的时空，增强了文化感知的内容形式、交互品质以及时空便利，将公共文化服务的文化传承与教育功能有机结合，扩大了公共文化服务的效能。

公共文化服务数字化平台建设通过各类政策被广泛重视，尤其是进入"十四五"时期，《中华人民共和国国民经济和社会发展第十四个五年规划和 2035 年远景目标纲要》《公共数字文化工程融合创新发展实施方案》等政策均把公共文化数字平台、公共文化数字资源库群建设列入公共数字文化服务体系建设重点，《"十四五"文化发展规划》《数字中国建设整体布局规划》将国家文化大数据体系建设作为数字时代文化产品供给满足群众文化需求匹配的保障体系予以重视，进一步从政策高度保障了公共文化服务的数字化进程。

（三）文化服务数字化提升公共文化服务效能

网络空间为数十亿国内网民提供了知识、质询、娱乐交流的平台，也影响着不同年龄段人群的道德感、价值观、心理认知素养以及行为规范，文化数字产品与服务不仅事关社会主义文化繁荣发展，更关乎国家的长治久安以及中华民族的凝聚力与向心力，必须用好管好文化数字化产品，加强公共文化数字化服务的效能建设。一是加强数字文化产品的内容生产管理，将网络空间打造为宣传正能量、塑造新形象以及提供网络优秀作品的公共文化服务载体。按照习近平总书记的要求，培育积极健康、向上向善的网络文化，用社会主义核心价值观和人类优秀文明成果滋养人心、滋养社会，做到正能量充沛、主旋律高昂，为广大网民特别是青少年营造一个风清气正的网络空间。二是将数字技术应用到非遗保护中去，通过数字技术把非遗转化为图形、图像、文字、声音等信息，建设"全国非遗知识库"，丰富中华民族历史遗存遗迹等历史遗留公共文化数字知识源。习近平总书记始终关心中华优秀传统文化的数字传承，他在 2019 年考察甘肃期间强调，要通过数字化、信息化等高技术手段，推动流散海外的敦煌遗书等文物的数字化回归，实现敦煌文化艺术资源在全球范围内的数字化共享，再次强调数字化在公共文化建设中的重要性。三是用好传播数字化渠道塑造繁荣自信的公共数字文化。文化因交流而多彩，因互鉴而繁荣，数字化传播是世界优秀文化交流互鉴的重要渠道，是各国人民交往交心的新兴路径，更是中华民族文化自信的表达路径。用好数字化传播，可以将我国的优秀文化创作及时传递给遍布世界各地的华人，也可以同步面向其他国家的人们展示当代优秀作品，让中国的代表性文化及时输入到世界各地。

公共文化数字化服务的政策自"十二五"时期就层出不穷，一方面，散布在文化建设的相关政策中，如 2011 年发布的《"十二五"时期文化改革发展纲要》，2015 年发布的《中共中央关于繁荣发展社会主义文艺的意见》，2017 年中共中央办公厅、国务院办公厅印发的《关于实施中华优秀传统文化传承发展工程的意见》，2022 年，中共中央办公厅、国务院办公厅印发的《关于推进实施国家文化数字化战略的意见》，都将文化建设的数字化以及加强数字化传播做了前瞻性布局，在平台建设、数字内容创造以及非遗数字化方面做了专门部署。另一方面，通过专门的公共文化数字化服务政策予以布置，如《关于进一步加强公共数字文化建设的指导意见》《"十三五"时期公共数字文化建设规划》《"十四五"时期公共数字文化服务体系建设规划》对公共文化及其服务的数字化从目标、任务、重点工程以及保障机制等方面做了明确规定，为各级政府提升公共文化数字化效能给出了明确指向和具体路径。三是通过专门的法律法规体系支持公共文化平台的数字化建设，如《公共文化服务保障法》《公共图书馆法》《博物馆条例》都将数字化列为重要路径。

第二节　传承文化促进精神生活共同富裕

文化传承既是文化保护的需要也是文化加速发展的需要，文化传承为精神文明建设丰富精神生活拓展了文化内容。文化供给的多样性是促进精神生活共同富裕的重要前提，不只是传承文化智慧、价值观、审美艺术，更是进一步激发人的创造性，为人们深层次的精神满足提供多样选择。文化发展在历史智慧和文化价值挖掘基础上，融合时代元素，能更好地促进精神生活富裕。

一、文化传承扩大文化内容保障精神获得

人不仅有物质欲望还有精神欲望，精神欲望的满足就是精神获得。人的精神欲望表现为对知识的渴求、道德的完善以及灵魂的深化，建立在显性文化与隐形文化交织基础上的文化传承为精神欲望的满足提供了基础。通过保存和传承历史智慧、价值观和道德准则，为人类从过去的文化积累中汲取营养、丰富精神生活，形成适应当代社会发展的精神元素提供了源泉。社会发展就是在各种传承中不断延续的，建立在有历史根基的文化产品上将加固精神获得基础，并推动精神生活的共同富裕。而文化传承还能

促进文化创新和创意发展，在保护的基础上传承，重新诠释和整合传统文化元素，可以创造出新的艺术作品、创意产品等，为精神生活带来新的内容。文化传承所支撑的文化多样性保障了精神生活共同富裕，体现了对历史的尊重和共享的表现，也满足了精神生活的多样性。

丰富多彩的精神文化生活提升精神获得感。丰富多彩的精神文化生活表现为思想上、精神上以及文化上的多样化、多层次、多维度的精神文化需求，在社会层面表现为既要有凝聚共识的理性信念、民族精神和时代精神，更要有自尊自信、理性平和、积极向上的社会心态，而这些都脱离不了中华民族 5000 年的悠久历史文化积淀、社会心态以及民族精神，通过文化传承可以保留一批宝贵精神遗产，保障现代人的精神获得。

二、文化传承丰富文化体验促进精神富裕

实现精神生活共同富裕要重视精神体验。体验是获得的一个过程，一般指个体亲身经历或者实地体会后形成对客体的认知、经验以及印象，通过亲身实践体会到的经验更加真实、印象更加深刻。精神生活共同富裕是在精神层面形成更加理性的思想满足，体验是形成更加深刻思想认识的重要方式。保护和传承不同历史和国家的文化遗产，有助于促进文化的多样性，为接触不同文化并形成多样体验提供了基础，对个体丰富精神层面的获得提供了可能。基于相似文化来源的精神体验有助于形成一致的理性信念、价值观和社会心态，增强社会凝聚力，从而促进精神共同富裕。

文化保护为文化传承提供了可能。文化体验有助于增进社会成员之间的共同体验并引发共鸣，有助于加快精神生活共同富裕进程。文化体验首先是激发社会成员对社会价值、社会行为规范的共同认知和认同，促进社会成员的情感联系与协作，为精神生活共同富裕创造了社会认同基础。文化体验有助于精神层面的满足感和幸福感的实现，通过一致的文化纽带为人们提供深层次的精神满足。尤其是文化体验中人们与文化遗存遗迹的互动可以极大地引发情感共鸣、心灵愉悦，提升个体的幸福感和精神充实感，促进个体和群体的精神富裕。

三、文化传承赋能三观教育提升精神信仰

文化传承经过时代的洗涤保留了极具教育价值的思想元素。文化保护同时是当代文化对历史文化的选择性保留过程，筛选出的历史文化元素是丰富教育资源与学习资源的重要内容，文化遗产通过筛选纳入教材与课堂，可以将承载不同时代的世界观、人生观与价值观素材进行比较，让受教育者更好地通过不同形态的文化活动、文化观念与文化方式认知，形成适应新时代的文化信念，结合社会主义核心价值观教育，有助于受教育者的新时代思想信念打造与精神信仰塑造。

文化传承还能衍生孵化出具有时代特征的文化创意，为文化发展提供原材料和灵感。承载世界观、价值观和人生观的历史文化元素融入现代创意产品、艺术作品等，是丰富的历史教材和学习资源。文化遗产通过再创造纳入教育课程，有助于提升学生的文化素养和时代认知，通过教育提高国人的整体精神生活质量。文化保护通过有目的的传承加快文化发展，在传承中为社会成员提供多样且丰富的精神元素，改善和加速精神生活共同富裕。传承、创新、共享和教育的协同将文化传承塑造为全面繁荣社会文化、促进精神富裕的重要路径。

第三节　公共数字文化服务保护文化遗产
加速文化发展的案例

一、案例背景[①]

西安城墙是我国首批全国重点文物保护单位，于 2021 年成为国家文

---

① 本案例根据陕西文明网内容整理改编，http：//shx. wenming. cn/sxdt/xian/202211/t2022 1101_6502391. shtml。

物预防性保护试点。积极抓住文物保护和文化遗产传承数字化融合的发展机遇，西安城墙以创建世界一流的"文物保护和文化遗产传承目的地"为目标，致力于提升西安城墙品牌的全球影响力。截至目前，西安城墙已设置3090个文物变形监测点，完成1027个监控图像数据接入信息中心，实现了对城墙墙体及附属建筑物变形情况的实时监控。此外，通过客流统计、护城河水位监测、热成像周界监测和区域绊线入侵监测，城墙成功建立了综合监测体系。创新性地引入"无人机+VR沉浸式"技术，提供"空中览古城"的独特体验，并建造了国内最大的唐长安城智慧沙盘，通过声、光、电、数字投影等手段展示唐长安的宏伟历史。

此外，依托含光门遗址，西安城墙还研发了数字博物馆和H5手机端小游戏，通过手机客户端智慧旅游小程序，游客可以轻松获取景区周边的美食、美景、美图，使游客能够轻松畅游景区。

二、主要做法

西安城墙充分应用物联网、大数据和云计算等先进技术，主要在智慧平台搭建、数字藏品开发、手机客户端小程序研发等方面展开工作，积极加强文物保护和文化遗产传承。

（一）在智慧平台搭建方面

通过构建智慧监测、数字博物馆、长安智慧沙盘和无人机导览4个模块，成功打造了智慧监控运营平台。文物监测体系实时监控城墙墙体及附属建筑物的变形情况，景区的1027个监控图像数据接入数字化信息监控中心，实现了客流统计、护城河水位监测、热成像周界监测和区域绊线入侵监测功能。对于市民和游客而言，进入含光门数字博物馆小程序，通过自主控制视角，结合声像立体技术和H5小游戏，可线上浏览博物馆，了解文物历史。通过5G通信技术，远程控制无人机实现高清图像实时传送，利用虚拟现实、可穿戴头显设备、人工智能等手段，呈现了三维立体景区，为游客提供了"空中览古城"的震撼体验。

（二）在数字藏品开发方面

西安城墙应用区块链技术，推出了7个系列、25款数字藏品，如"虎年城墙数字时装"等，成功构建了长安 IN 数字藏品发布平台。此外，通过手机客户端小程序研发，西安城墙打造了"遇见城墙"智能导览系统，提供文化历史、景区设施服务及周边旅游景点推荐等内容。通过高德地图 App，游客可以轻松查看景点、停车场、售票处等基础设施分布位置，并通过导航实现直达目的地。推进智能闸机和手持闸机双机运行，实现了闸机 NFC、生物识别及全通道付款功能，满足了游客多次往返景区的游览需求。城墙票务系统将游客入园时间由 3 分钟缩短为 30 秒钟，实现了景区无感登记通行。数字化手段有效解决了西安城墙文物保护及文化遗产传承问题。在文物保护方面，通过建立文物保护监测系统，结合城墙病害发展规律，分析监测数据，成功探索出城墙文物安全监测预警阈值，总结出了"西安城墙文物保护'四色'分级预警系统"。

（三）在文化遗产传承利用方面

通过数字化和信息技术进行旅游数字化建设，实现了对景区运营状况的实时、联动、综合、全面掌握，预判了景区未来经营趋势。通过数据分析，挖掘旅游热点和游客兴趣点，推动了旅游业的产品创新和营销策略优化。

三、效果评估

西安城墙数字化转型工程的实施取得了一系列显著的效果。首先，在文物保护方面，数字监测系统的应用使文物保护工作更加科学、准确、高效。成功预警了一批城墙文物的潜在病害，采取及时有效的防护措施，确保了文物的安全稳定。在病害发现后，成功采用了文物保护新技术，进行了修复和保养，实现了文物保护和文化遗产传承的双赢。

其次，在文化遗产传承和利用方面，数字化手段为西安城墙的文化传承注入了新的活力。通过数字博物馆、VR 沉浸式体验、数字化藏品等手段，成功吸引了更多游客，提升了景区的知名度和美誉度。数字化手段的应用，使得游客在参观过程中能够更深入地了解城墙的历史文化，提升了游客的游览体验。

最后，在智慧旅游方面，通过手机客户端小程序的研发和智能导览系统的建设，实现了景区的智能化运营。游客可以通过手机轻松获取相关信息，提高了景区的安全性和便捷性。数字技术的应用使得景区管理更加高效，为游客提供了更好的服务。

综合来看，西安城墙数字化转型工程的实施为文物保护和文化遗产传承带来了显著的成果，为城墙的可持续发展奠定了坚实的基础。

四、案例总结

西安城墙充分应用物联网、大数据、云计算等先进技术，通过智慧监控运营平台实时监测文物变形情况，实现了文保监测、客流统计、护城河水位监测、热成像周界监测等功能。数字化手段不仅提高了监测的准确性和时效性，而且有效解决了文物保护的难题，为其他文物保护单位提供了有益经验。通过数字博物馆、智慧沙盘、无人机导览等手段，西安城墙创新性地将文化遗产数字化，使游客能够通过虚拟体验更深入地了解历史文化。数字化的文化遗产传承方式不仅使文物更具互动性，还提高了传承的吸引力，为年青一代传播历史文化打开了新途径。综合来看，西安城墙的数字化创新不仅在文物保护和文化传承方面取得显著成果，也为提升公共文化服务水平、推动文化遗产数字化发展、加速文化产业的繁荣做出了积极贡献。这一经验对于其他具有类似需求的文化遗产单位具有借鉴意义。

第四节 本章小结

文化遗产保护是公共数字文化资源建设加速文化发展的重要形式。数字化技术为文化传承、创新和普及提供了全新的可能性。文化保护是文化发展的前提，通过保护为新时代的文化创新提供了资源基础，传承优质的文化资源保障精神生活共同富裕。公共数字文化资源的数字化保留使得文化遗产能够以多样的形态长期保存并被广泛传播。数字化技术可以将各类文化遗产以音频、视频、图片等形式高效地保存大量的文化资料，还可以转化为适合数字传输的格式实现轻松分享和传播，从而确保文化传承不受地域和时间的限制。同时，数字技术还可以实现文化遗产的虚拟重建，通过复现让人在虚拟环境中亲身体验历史场景、古代建筑、传统仪式等，发挥文化遗产的教育功能。通过历史文化遗产的互动体验激发人们的历史价值认同，提高文化遗产的可体验性和吸引力，推动文化发展。"西安城墙"的案例介绍了地方特色文化遗产数字化保护对文化传承、文化发展的作用，有助于精神生活元素的丰富并推动共同富裕。

第九章
公共数字文化服务交叉融合催生文化创造

经济全球化为文化融合提供了加速器。全球化不仅带来物质产品的交易流动，更加快了各种文化的交流融合，交通网络与数字传输基础设施的改善驱动了国内文化融合，以及跨时空、跨领域的交叉。在自觉与不自觉的文化碰撞中，区域内与跨区域间的文化融合更加快捷，同时催生新的文化现象，在不断扬弃中创造新文化。

第一节　公共数字文化服务的多元性驱动
文化创造

公共数字文化服务是实现国家文化数字化战略、更好满足人民群众精神生活需要的重要途径。既要实现公共文化内容的数字化助力传播，也要借助公共数字文化服务的智能化提供便利，无论是内容还是载体都体现了数字化，进而驱动了公共数字文化服务的交叉融合。

一、公共数字文化服务交叉融合的内涵

公共数字文化服务是公共文化的数字化以及公共文化服务的数字化。

表现为公共文化服务在时间维度、内容维度以及表达维度的数字化，受供给端与需求端的相互作用，在文化供给主体的推动以及消费主体的拉动下，出现多向交叉趋势，尤其是全球化带来的文化融合发展在历史传承、高质量集成以及体验升级方面提供了可能。

（一）交叉传承历史文化资源丰富文化产品形式

习近平总书记指出，新形势下，要发掘和用好丰富文化资源，大力推进文化建设。历史文化资源是文化资源的重要组成，以其经典为大众记忆、习惯并自觉遵循，是以公共文化产品形式推动文化建设的重要部分。随着数字消费的兴起，人民群众对数字文化的消费体现出多样性特征，对公共数字文化服务建设提出了新要求，历史文化的数字化不仅是传承的需要，更是丰富文化产品形式、创作喜闻乐见文化产品的需要，尤其是具有地方特色的历史资源和红色资源的挖掘，能够丰富文化产品形式，增强数字文化的吸引力和影响力。

（二）融合跨形态的文化产品创造新内容

随着全球化的推进，文化的流动与融合速度不断加快，数字技术的推陈出新也为文化的再创造提供了多样的转化路径，文字、视频与音频资源等不同形态的资源相互融合，形成新的文化产品内容，并借助 VR 技术、人工智能等新型体验技术，不断创新数字文化产品与服务形式，增加体验场景的多样性、生动性。

（三）交叉融合多元技术丰富参与表达机会

习近平总书记指出，要发展信息网络技术，消除不同收入人群、不同地区间的数字鸿沟，努力实现优质文化教育资源均等化。在公共文化服务领域广泛应用大数据、云计算、云存储等信息技术，打造公共文化服务"一站式"平台，有助于公共文化内容与服务表达的及时性、广泛性以及共享性。并且可以在合理的范围内及时收集用户反馈，精准化地分类用户需求、匹配公共文化产品，甚至个性化地定制公共文化服务，提升公共文化服务的利用效率。

二、公共数字文化服务交叉融合驱动文化创造

精神富裕的最高境界是自我价值的实现，文化创造是一种实现精神满足的有效途径。文化创造允许人们将内心的情感、思想和体验通过文化作品的形式传达出来，创作者通过创作作品表达自己的情感，而观众则能够从中感受到共鸣和情感的交流。在创造过程中提供一个探索思想、观点和哲学的平台。

（一）文化创造是文化建设的最高层次

创作者借助作品探讨社会、人性、道德等深刻话题，激发观众思考和讨论，进而改进公共文化中的不良部分，并不断提升大众的文化素养。优秀的文化作品能够启发人们的智慧和思维，它们可以帮助人们突破常规思维，拓宽视野，从而提供新的见解和思考方式。文化创造为人们提供了发现美、欣赏美、分享美的机会。蕴藏在各种作品中的视觉上的、声音里的、情感中的以及思想上的美，不仅能够带来审美的愉悦和享受，还有助于塑造和强化个人和群体的身份认同，尤其在民族认同感的建设中起到助推作用。

文化作品可以反映出一个地区、民族、群体的特色和价值观，让人们更深刻地认识自己的文化背景，从而认同相似文化背景下的国家建设。不仅如此，文化创造还可以成为人们减轻精神压力、情感释放的途径。创作者可以通过创作来宣泄各种情绪、传递正能量，观众在欣赏作品时也能够被作品所传递的情感和正能量感染。文化创造往往是在文化交叉融合的基础上完成的，有助于传承历史、优秀传统文化和价值观，并转化为文化遗产，代代传承。

总的来说，文化创造为人们提供了丰富多样的精神体验，能够满足情感、思想、审美等多个层面的需求，为人们的精神富裕和成长提供重要的支持。

（二）公共数字文化服务的多元性特征加速文化创造

公共数字文化服务在数字化时代具备多元性特征。通过互联网、大数

据传输、云计算等技术手段，为公众提供多样化的文化内容和资源，极大地鼓励和推动了文化创造。公共数字文化服务可以涵盖不同地区、民族、文化背景的内容，将语言、优秀传统、历史文化等各类文化资源通过数字技术满足各类群体的文化消费需求。公共数字文化服务的多元性体现在以下两个方面：

1. 公共数字文化服务鼓励创意性内容制作

在文化创造的创意内容方面，公共数字文化服务能够鼓励创意性的内容制作，包括艺术作品、文学作品、音乐、影视作品等。其广阔的内容基础以及交互方式可以更好地激发创作者的灵感，为文化领域带来新的想法和产出，进而提供多元的公共文化内容。

在文化内容方面，公共文化数字服务的多样性加速了文化内容生产，除了提供娱乐性内容，公共数字文化服务还可以提供教育性和启发性的内容，帮助公众了解不同的文化、历史和思想，这有助于培养更加开放和理解的文化视野。

在参与机会方面，公共数字文化服务的多样性符合更多的社会人群需求，能够吸引更多公众参与其中，不仅仅是消费内容，利用社交技术还可以参与联合创作、成果分享和观点讨论，有利于构建一个更加互动和协调的文化生态系统。

在服务平台方面，数字技术的应用催生了公共数字文化服务平台的多样性，这种多样性可以创造出更多的平台和更丰富的媒体途径，如网站、移动应用、社交媒体、自媒体等，这样可以推动公共文化服务更好地触达不同的用户群体，促进文化的广泛传播和分享。

为了实现公共数字文化服务的多元性，需要政府、文化机构、社会组织等各方的合作与支持。通过投入资源、制定政策和提供技术支持，打造一个丰富、多元、有益的数字文化生态系统，为文化创造提供更加广阔的平台。

2. 公共数字文化服务通过交叉有效地促进文化创造

公共数字文化服务为跨领域的不同文化、观点和表达方式相互交融，可以激发创作者的想象力，帮助他们创造出独特的作品。在不同领域的交叉融合，如将不同类型的文化元素与现代科技相结合，创造出新颖的艺术形式和表达方式，这种跨界融合可以产生创新性的作品。多元性的文化内容不仅可以促进跨文化交流和理解，还可以推动不同文化背景的大众从不同的文化视角了解世界，这有助于创作者更好地融入全球文化创意的大环境中。多元性鼓励创作者突破本领域的创作惯例，尝试新的表达方式和媒介，创造的交叉可以推动文化创造的前沿，产生独特且与众不同的作品。

多元性的公共数字文化服务可以促使不同背景的人们交叉参与到文化创作中。群体的集体智慧和多样性通过交叉可以创造出丰富多彩的作品，反映社会的多样性。多元性的文化内容以及可及的公共文化服务为交叉互动提供了坚实的基础，尤其是跨领域的交叉合作，这种合作可以形成一个更加充满活力的文化创作生态系统。多元性的文化内容也有助于人们更深层次地探索自己的文化认同，并在不同文化之间找到共通之处，这种认同感可以激发创作者的创新潜力，同时借助交叉技术表达自己独特的文化视角。总之，公共文化服务的多元性是文化创造的一个重要推手，公共数字文化服务通过提供丰富多样的文化内容、资源以及交叉技术，有利于创作者创造出更加富有创意和创新性的作品，促进文化的多元发展。

（三）公共数字文化服务的跨时空交叉融合

公共数字文化服务所肩负的文化建设使命要求其传承好历史文化与不同区域的文化资源，结合国家文化建设战略开展公共文化内容的再造与传播。技术赋能下，公共数字文化服务的跨时空交叉融合不仅可能而且有效。

公共数字文化服务借助数字技术为历史与现代的融合提供了结合基础。历史资源从来都是文化的重要组成，但因形成的背景以及消费场景的特定性，致使历史文化资源在传承的过程中面临小众以及不易接触的窘境。随着公共数字文化服务基层设施的建设，数字图书馆、档案馆、博物馆等可以为其保存的大量文化遗产提供适当的扩散方式，为文化遗产在新时代的认知、传播与再加工提供基础；而文化馆、美术馆充分发挥其再创造的群众基础，对历史文化进行再加工、再创造，结合数字化进行再现与扩散，为历史与现代文化的交叉融合提供了途径。

公共数字文化服务利用数字交流机制为跨区域交叉融合提供保障。数字技术在公共文化服务领域的纵深应用，为公共文化服务的数字化形态打造准备了技术条件，为跨区域的不同形态文化资源交流提供了技术保障。物化载体承载的文化形态借助数字技术的转化，可以扩大受众范围，增加不同区域群众的交流互动机会，一方面扩大了公共数字文化服务的覆盖面，另一方面也为公共文化服务传承不同区域的特色文化提供了保障。

三、公共数字文化服务交叉融合的政策实践

建设社会主义文化强国是实现中华民族伟大复兴的基础支撑。一个民族的复兴需要物质力量保障，更需要精神力量支撑。公共文化服务正是建设民族复兴、国家灵魂的重要抓手，是建立文化自信、文化自觉和文化自强的重要保障。但公共文化服务仅仅局限于公共文化的传统保存、传承以及利用方式，是远远不能实现其使命的，唯有借助数字化的技术应用以及交叉融合，方可进一步扩大公共文化服务的范围和效能。围绕交叉融合，国家出台了有关文化和旅游融合、科技与公共文化服务融合创新以及数字化文化等交叉融合政策，旨在推动更广泛深入的文化创造。

（一）文化与旅游的融合发展

在《中华人民共和国公共文化服务保障法》颁布之后，我国文化领域的制度建设基本完成，"四梁八柱"的支撑作用更加明显。但要看到，随着经济社会发展水平的进一步提高，人民对美好生活的向往更加急迫、更加多元，对更高品位、更加丰富的文化生活愈发期盼，期待更高质量的文化供给，交叉融合生产创新文化内容的重要途径，为此，国家首推文化与旅游的融合。旅游产业在促进共同富裕、促进精神文明建设以及人与自然和谐发展方面的作用显而易见，尤其是全球化推进，旅游促进了跨文化的民间交往以及不同文化背景的人员交流，文化和旅游的融合有助于文化创

新，尤其是旅游地的公共属性、自然属性以及文化属性为公共文化服务提供了创新内容基础，"十一五"期间开始鼓励发展红色旅游，将红色文化作为旅游资源加以推广，"十二五"期间首次提出文化旅游概念，将文化植入旅游内容开启文化旅游的融合之机，"十三五"期间将文化旅游作为旅游提质增效的抓手来推动，"十四五"期间发布《"十四五"文化和旅游发展规划》明确文旅融合发展，以文塑旅、以旅彰文，将文化和旅游融合作为旅游产业发展以及文化设施公益性体现的重要路径。正是国家层面的文旅融合规划带动了各省的高位推动，通过文化铸魂、文化赋能，旅游为民以及旅游带动文化升级与创新的局面全面凸显。

（二）科技与公共文化服务的融合发展

党的二十大报告提出，建设文化强国、科技强国号召，文化和科技融合是文化自信、科技自立自强的重要支撑，是实现公共文化服务数字化、高质量发展的重要前提，可以改变公共文化领域的创作方式、生产方式、传播方式和消费方式，赋予公共文化服务新内涵、新功能和新形态。例如，应用数字技术建设城市高品质智慧书房服务体系，深圳市盐田区利用人、书、馆、城的融合，集成智慧图书馆、读者服务、文化展示等功能，通过数字化手段精准匹配读者需求，构建多元公共阅读示范服务，构建高品质的智慧书房服务体系。同时，将阅读与旅游业态融合，利用不同人文生态环境的特点，为来鹏城旅游的外地游客以及本地市民提供阅读、休憩、学习与交流的复合空间，拓展公共书房的文化传播价值。

（三）公共文化服务的数字化丰富文化产品形态

公共文化数字化是公共文化服务的基础，早在2011年文化部与财政部联合发布《关于进一步加强公共数字文化建设的指导意见》，文化部制定《"十三五"时期公共数字文化建设规划》，2022年5月发布《关于推进实施国家文化数字化战略的意见》……一系列政策都将公共文化服务数字化推向热点，并把文化数字化作为高质量供给的重要路径加以实施。2023年2月，中共中央、国务院印发了《数字中国建设整体布局规划》，专门对文化数字化做了顶层设计和战略安排，一方面是推进数字化公共文化资源建设，另一方面是普及数字化公共文化服务。其中，数字化公共文化服务主要包括数字博物馆、数字图书馆、数字文化遗产、数字文艺作品等类型。在"十四五"期间，文化和旅游部全国公共文化发展中心以公共文化云"十四五"建设项目为抓手，全新改版国家公共文化云平台，将其打造为以"看直播、享活动、学才艺、订场馆、赶大集、读好书"六大服务板块为核心的全民艺术普及总平台，不断丰富数字化公共文化资源，打通公共文化服务的"最后一公里"。

第二节　公共数字文化服务交叉融合保障精神生活共同富裕

公共服务理论重视宣扬、培育公民身份认同与社会认同，公民文化权利是新公共服务理论进行制度设计和政策制定的核心理念（庞帅，2023）。公共数字文化服务传承、创新、传播的功能不断丰富群众文化，保障公民文化权利，在多元化的背景下驱动文化交叉融合，使得不同时空、不同形态的文化相互交流、交叉、结合，进而广泛地满足大众的精神享受，促进精神生活共同富裕。不同的文化元素、思想、艺术形式交叉融合，可以创造更为丰富多样的文化内容与形态，满足各类人群不断增长的精神需求。

一、公共数字文化服务交叉融合保障精神获得

公共数字文化服务的交叉融合加速文化内容供给。数字化有利于不同文化的优点和特色结合，创造出更为丰富多样的文化内涵。不仅能够满足不同群体的需求，还可以为人们提供更多元的文化选择，丰富其精神生活。不同文化的交叉融合会激发、碰撞出创作者的创意和创新，创造出更

具创新性的文学、艺术、音乐、手工等作品。随着创作的数字化发展，各类数字文化产品如雨后春笋般地涌现，形成影视剧、网络文学、在线视听、创意产品、网络游戏等新品类，不仅丰富了国内大众的休闲生活，保障了其精神获得，还是借助海外贸易推动了中华优秀文化的国际输出，对于建立大国形象、传播人类命运共同体等外交思想提供了良好的渠道。

数字化也有利于文化阵地建设。随着数字技术的不断成熟，公共数字文化服务的数字基础设施不断完善，拓展了线下文化活动的场所和设施，提升了公共数字文化的可及性，增加了不同文化背景的广大群众接触和了解不同文化的机会，拓宽了大众的文化视野，认识和理解世界的多样性，进而有助于增强人们的跨文化理解能力，增进文化的多维度交流，提升不同层次人群的精神获得感。

二、公共数字文化服务交叉融合增加精神体验

公共数字文化服务交叉融合创造了更多的体验场景。随着人民对更加美好的文化的追求，公共数字文化服务创造不同类型的体验场景迫在眉睫，为公共数字文化服务的交叉融合提供了有效的途径。一方面，通过文化内容的交叉融合，形成更加丰富的文化体验内容，增加吸引力，另一方面，通过服务载体的交叉融合，产生更多的体验场景，增加公共数字文化服务的吸引力。例如，我国自主开发的手游产品，将优秀的中华传统文化融入其中，通过数字技术的创造力和传播力，把经典的文化内容转化为时尚，既满足了大众的休闲需要也扩大了中华文化的体验形式，有助于中华优秀传统文化的保护与再传播，以其活泼多元的表达形式，增加大众的精神体验场景。

文化交叉融合有助于培养不同人群之间的共鸣和包容。当不同文化元素、形态产生联系和交流，就能促进彼此的理解，减少偏见和误解，从而促进社会和谐与共同富裕。文化交叉融合有助于创造新的市场需求，促进文化产业的发展，融合多元元素的作品往往更受欢迎，能够吸引更多的受众，激发文化创意产业的新活力。文化交叉融合鼓励不同地区、国家甚至

不同文化背景的人们合作创作，这种跨界合作不断丰富作品供给，又促进跨领域的文化交流与合作。文化交叉融合是促进精神生活共同富裕的一种重要途径，通过多元素的文化融合，让大众在精神层面上体验到更丰富、更开放、更包容的世界。

三、公共数字文化服务交叉融合提升精神信仰

公共数字文化交叉融合优化文化内容夯实信仰基础。世界多数国家的优秀传统文化都是人与自然和谐统一的文化，同时表现为文化与信仰的相向而行，几千年辉煌灿烂的文明中充满了信仰的光芒。国家的文化建设也是精神信仰的建设，公共文化服务在国家精神文明建设中占据基础性地位，起到基石般的作用。信仰是人以坚定的信念保持对真理的信服与遵从，并指导自己行动的准则。新时代公共文化服务建设的基本要求，就是与时俱进地传承中华民族长期流传的优秀文化，并将其融入社会主义核心价值观的内容体系，整合后再及时进行传播，进而成为支撑大众信仰的基石。

公共数字文化服务交叉融合保障文化与信仰相伴而行。信仰是心灵的归宿，是个体生命意义与价值所在，文化是民族精神的载体，信仰与文化密不可分。我国的文化变迁依托赋予中华民族伟大生命力和凝聚力的传统优秀文化，借助公共数字文化服务的交叉融合保障文化固有内核的延续，支撑精神信仰的绵延。公共数字文化服务借助文艺院团、图书馆、文化馆、社区与农家书屋等载体构建全覆盖的公共文化服务体系，推动优质文化精品向基层、老区、少数民族地区、边远地区输送；通过交叉融合深入挖掘历史底蕴、融入习近平新时代中国特色社会主义思想，打造文化精品，提升文化品位、增强人民精神力量，凝聚中华民族精神，保障信仰与主流文化同向同行。

第三节　公共数字文化服务交叉融合催生
文化创造的案例

依托跨领域的内容融合、新技术的交叉推进以及多个创新举措，公共数字文化服务的交叉融合得到广泛应用，并创造了诸多丰富的文化成果，在推进精神文明建设、增强人民精神力量的进程中彰显文化担当。山西省图书馆在 2011 年创作的《山西村落》就是利用"互联网+技术"，将山西的优秀景点与传统文化拍摄为电视专题片，通过互联网加以推送，获得了良好的文化创造效果。

一、案例概况[①]

2011 年，山西省图书馆的文化共享工程完成了地方资源建设项目《山西村落》，顺应"互联网+"浪潮拍摄了电视专题片《山西村落》。该项目获得"全国文化信息资源共享工程 2011 年度地方资源项目优秀项目"荣誉，并入选山西省优秀外宣品资料库，列入音像类二类作品。该项目的前期论证、中期摄制和后期推广中均引入了"现代""合作""创新"理念，借助观念、组织、技术、管理与传播创新保证了成片品质，提升了推广效果。

互联网是公共数字文化服务转型升级的基础条件与最好路径。在选题阶段，山西图书馆开展了深入论证，为了适应互联网时代广大人民的智能手机使用，更好地宣传山西的自然资源和人文资源，将资源建设形式确定为电视专题片。因文化专题片具有信息含量较大、目标受众较广、受众体

---

① 本案例素材来源于《公共数字文化创新服务案例选编》，作者改编。

验较好、环境要求较少的特点，与"读屏"时代的受众需求相匹配，并适应其阅读习惯。借助传统文化资源与自然资源的内容融合、古村落建筑与影视的形态交叉、互联网技术与电视传播的平台交叉以及图书馆的公共服务功能创造了生动形象的优秀传统文化传承案例。

二、案例点评

（一）现代与传统交叉创新内容

一是重视传统与现代文化资源的交叉融合。山西省优秀传统文化资源项目包括山西地方戏曲、山西民间曲艺、山西传统手工技艺、山西传统建筑、山西民俗文化、晋商文化、山西红色文化、山西根祖文化等。山西省当代先进文化项目包括山西创业文化、山西山水文化、山西当代名人、山西煤文化、山西现代工艺文化等。通过电视专题片《山西村落》的制作，将优秀传统文化与现代山西地方特色资源有机融合，伴随山西省地方特色资源建设不断完善，不断提升地方特色资源项目的系统性。

二是注重推广技术的交叉创新，通过顶层设计增强项目建设与推广的系统性，提升公共数字文化资源建设的体系性。山西省图书馆不断地探索和尝试项目推广的创新路径，借助互联网技术以及不断普及的 Wi-Fi 网络，探索了《山西村落》的手机播放模式，通过自媒体、手机等移动终端的适应性改造，增强了项目推广的系统性，发挥了地方特色资源在公共数字文化服务建设中的作用。

（二）职能交叉创新公共数字服务建设流程

1. 职能再造综合推进三大文化惠民工程

文化信息资源共享工程、数字图书馆推广工程、公共电子阅览室建设计划是文化部组织实施的三大文化惠民工程，涵盖公共数字文化资源的建设、推广、服务、共享。在绝大多数省级图书馆中，三大工程分别由不同部门负责推进，管理体制不顺畅导致事权不统一、事项不协调，难以推进项目建设与推广。为了打通公共数字文化资源的建设、推广、服务、共享全流程，图书馆组建了副处级机构山西省公共数字文化工程建设中心，通过职能调整，综合推进三大文化惠民工程。

山西省公共数字文化工程建设中心成立后，以文化共享工程为资源建设主体，以公共电子阅览室建设计划为资源推广硬件平台，以数字图书馆推广工程为资源推广软件平台，建立起了公共数字文化资源的建设、推广、服务、共享创新机制，为建设与推广奠定了坚实的组织基础。

2. 职能协调促进项目建设与推广

电视专题片的前期论证、中期摄制和后期推广是一个专业化、系统性的工程，既有项目可行性的论证，又有前期资料的挖掘与收集，既有文学稿本、拍摄脚本的撰写，又有视频素材的实地拍摄，既有成片的包装、制作，又有项目成果的宣传推广。

山西图书馆根据项目建设与推广要求，建立了"分工—合作—统筹—制衡"的职能协调机制，组建了专家团队、撰稿团队、拍摄团队以及推广团队，充分发挥专业、专长的优势开发传统文化。利用专家团队的专业性，反复论证项目可行性，挖掘与收集前期资料；由撰稿团队转型文学稿本、拍摄脚本，由摄制团队开展实景拍摄和成品包装制作，由推广团队负责项目成果宣传推广。通过专业人员的再加工以及拍摄制作，科学设计传播途径，山西省图书馆的合理统筹协调、综合推进，最终实现了传统文化与现代文化的有机融合，传承了山西的特色文化也再创造了适应移动互联网用户的影视专题片。

（三）技术交叉创新内容与表达形式

为了展现山西省的传统街巷与整体风貌，本着代表性、典型性、观赏性与文献性的原则，通过专家学者的反复论证，在山西省 500 个唐、宋、金、元、明、清的古村落中选择了 50 个进行拍摄，这 50 个古村落遍布全省 11 个地市、32 个县，分布在全国首批非物质文化遗产名录和山西省首批非物质文化遗产名录中。

同时，在拍摄过程中通过大量先进拍摄技术的交叉运用，提升了拍摄的水平和效果。大力引入高清摄像机、航拍飞行器、轨道、摇臂等技术设备，全程采用高清拍摄，甚至引入其他辅助设备，从多个角度采用多机位拍摄，尽可能全面展现记录原景原貌，在纪实手法基础上通过后期制作增添艺术美感、生活情趣，选用优美语言进行特色配音、多样表现形式创造唯美画面、生动场景，生动形象地展现了古村落所承载的历史记忆、民俗风情，从而较为客观真实地反映了山西的历史文化、地域文化，有效传播了山西优秀传统文化和现代文化。

（四）多种资源交叉融合赋能项目实现

山西图书馆打破传统公共文化项目"自主建设、自主运营"的建设与推广模式，秉承"合作"理念，引入社会力量，充分挖掘、利用社会各界的资源优势，调动、激发社会各界参与资源建设推广的积极性、主动性。

在电视专题片《山西村落》的前期论证、中期摄制和后期推广过程中，山西图书馆主动与山西省旅游局、山西省文物局等政府机关建立联系、取得支持，确保拍摄过程在其支持下充分展示文化内容；同时与山西大学、山西师范大学等高等院校，山西广大视听传媒有限公司、山西光影文化传媒有限公司等专业机构建立合作，便于在专业机构的指导下充分挖掘、利用传统文化资源，最大限度地保证了成片品质和推广效果。

（五）交叉整合推进文化传播丰富精神生活

山西图书馆通过对文化资源的信息化、数字化加工与整合，实现了文化信息资源在全国范围内的全天候、全领域的共有、共享。采用新颖的影视整合手段唤醒了多年"沉睡"的资源，使其真正发挥弘扬社会主义核心价值、传承中华优秀传统文化的作用。山西省自2016年发起了"共享工程·山西地方特色文化专题片展映活动"，每周五下午在山西省图书馆的报告厅播放电视专题片《山西村落》，为图书馆的现场观众提供观看机会，并通过周末论坛开展交流；同时将电视专题片《山西村落》中的精彩片段整理成文字形式，在图书馆官方网站、山西省分中心"文源讲坛"、山西省图书馆少儿馆微信公众平台联合推送，供有兴趣但没法到现场的观众阅读，提供了了解山西村落的跨时空、多形式场景，通过传统文化与现代技术的融合再现，丰富了公共文化内容。

三、主要成效

《山西村落》是公共文化服务产品的优秀代表。一是被作为全国党员干部现代远程教育卫星数字专用频道 IP 流媒体节目内容；二是作为三大惠民工程融合示范项目；三是作为优秀传统文化资源挖掘、整理、保护和交叉融合利用的典范，应用数字技术建立了覆盖全面、记录真实、可展示、可传播的专题化数字文化资源。

该作品通过内容交叉、组织交叉、技术交叉以及传播渠道交叉，提高了全国文化信息资源共享、数字图书馆推广、公共电子阅览室建设三大文化惠民工程的运行效率，建立了以全国文化信息资源共享工程为资源建设主体，以公共电子阅览室建设计划为资源推广硬件平台，以数字图书馆推广工程为资源推广软件平台，实现了公共数字文化资源建设、推广、服务、共享一体化。《山西村落》项目同时展示了多元化主体交叉共同创造文化产品的效果，其创作过程与交叉融合的做法可借鉴为其他省份的优秀传统文化保护和传播，进一步丰富了公共数字文化资源供给，丰富了精神生活共富的内容。

四、案例总结

《山西村落》作为"共享工程·山西地方特色文化专题片展映活动"的代表作，播出后取得了良好的社会效益。山西图书馆开展了面向"共享工程·山西地方特色文化专题片展映活动"的读者调查，有87%的受访者表示，通过观看电视专题片《山西村落》，对山西古村落所承载的历史记忆、民俗风情有了更加深刻的认识。还有93%的受访者表示，通过观看电视专题片《山西村落》，对山西的历史文化、地域文化有了更加浓厚的兴趣。

山西图书馆及时引入了"移动互联网时代最大的流量人口"微信传播渠道，通过官方微信群，定期发布展映预告、前期活动回顾、观后调查问卷等信息，通过方便快捷的互动方式，形成了良好的受众黏性，以及受众群体的几何级数增长，进而实现了公共文化广泛传播的目标，为现代大众跨时空享受优秀文化提供了机会，丰富了其精神生活内容。

第四节　本章小结

公共数字文化服务的交叉融合是文化创造的重要力量。通过时空融合、内容融合以及传播融合推动了公共文化创造，利用多元性赋予文化创造在公共数字文化发展中的重要作用。公共数字文化服务的多元性内容为创作者不断提供灵感和创意来源。在文化多元化的背景下，通过文化交叉融合创造出更加丰富多彩的文化内容和文化形态，满足不同人群的个性化文化需求。同时，在"互联网+"的背景下，通过影视创造的互联网播放，尤其是微信等便捷的终端联结方式，为广大受众随时随处享受优秀的公共文化产品提供了驱动，为实现人民精神生活共同富裕提供了新动力。山西图书馆创造《山西村落》的案例，突出了公共数字文化服务交叉融合对文化创造的重要性，对文化保护、传播以及精神生活共同富裕的基础性作用。

第十章

公共数字文化服务促进精神生活
共同富裕的区域实践

公共文化服务是促进精神生活共同富裕的关键环节。随着数字化进程的不断深入，利用信息技术拓展公共文化服务能力和传播范围是更好地消除数字鸿沟、满足人民不断增长的精神文化需求、提升全民族文明素质的必然要求，公共数字文化服务在推进不同区域的精神生活共同富裕中起到了关键担当。由于起点或基础差异，不同省份的公共数字文化服务在内容上、形式上以及推进精神共富的效果上都存在差异。为此，本章选择了东、中、西部地区的各一个省份为代表，分析其公共数字文化服务促进精神生活共同富裕的具体实践，进而为其他地区提供政策借鉴。

第一节 公共数字文化服务助力精神生活
共同富裕的现状

一、公共数字文化服务发展现状

"人无精神则不立，国无精神则不强。"实现共同富裕，需要加强精神文明建设，需要价值引领、文化滋养和精神支撑。精神生活共同富裕是更高级的生活追求，体现的是人们超生存性的发展需求、超阶层性的平等需求、超现实性的创造需求等，是人自身发展和人类社会走向未来的必然要求。公共文化服务的高质量发展，与民生福祉、百姓生活品质紧密相关，是实现精神生活共同富裕的"关键变量"。为此，从公共文化设施建设、公共数字文化存在的问题以及公共数字文化政策文本分析三个方面来阐明公共数字文化服务助力精神生活共同富裕的情况。

党的十八大以来，我国大步跨入现代公共文化服务体系建设新阶段，公共文化基础设施网络建设突飞猛进，与人民美好生活相适应的公共文化产品生产供给日趋丰富，城乡人民群众对公共文化服务的满意度显著提升。

我国现代公共文化服务体系基本建立。主要表现在现代公共文化服务体系"四梁八柱"的制度框架基本建立，公共文化服务法治建设取得突破性进展，体制机制改革不断深化，基本公共文化服务标准化均等化建设全面推进，覆盖城乡的公共文化设施网络更加健全，优质公共文化产品和服务日趋丰富，服务能力和水平明显提高。

公共文化设施建设是公共文化服务体系中最基础性的工作。通过整合2013~2021年全国博物馆数量及其参观人数和公共图书馆业数量及其流通人数，如图10-1所示，全国的博物馆数量持续增加，截至2021年，我国博物馆已有5772个，对比2013年，博物馆数量增加迅速，共增加了2299个。公共图书馆数量总体上也在增长，只不过增长速度较为缓慢。博物馆参观人数和公共图书馆流通人次在逐年增长且增长迅速。

通过上述分析可以得出，我国公共文化基础设施建设不断完善，在此期间，随着人们对精神生活的不断追求，对公共文化的需求逐步增大，不断推动着精神生活共同富裕的进程实现。

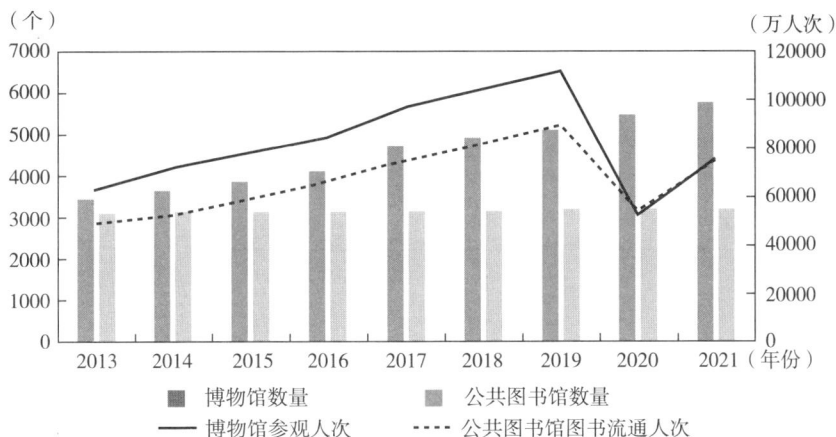

图 10-1　2013~2021 年中国博物馆数量及参观人次和

公共图书馆数量及流通人数增长趋势

资料来源：国家统计局。

二、公共数字文化服务存在的问题

党的二十大报告提出，健全基本公共服务体系，提高公共服务水平，增强均衡性和可及性。从实际情况来看，地区之间、城乡之间公共服务依然存在差距，发展不平衡。近年来，围绕缩小地区之间、城乡之间公共文化服务差距，国家制定并不断完善基本公共文化服务指导标准，采用加大投入、政策倾斜、转移支付等方式，支持革命老区、民族地区、边疆地区、脱贫地区公共文化服务体系建设，取得的成效举世瞩目。但由于自然禀赋、历史传统、经济条件等方面的原因，区域公共文化资源配置仍然存在诸多不均衡的现象。东部发达地区与中西部欠发达地区的设施、资源、资金等差距仍然较大，经济不发达的农村地区缺设施、缺人才、缺资源、缺资金的状况仍需改变。

（一）地区间发展不平衡

下面选取位于东部地区的浙江省、位于中部地区的江西省以及位于西部地区的贵州省就博物馆数量及参观人数和公共图书馆数量及流通人数作对比分析，如图 10-2 和图 10-3 所示。

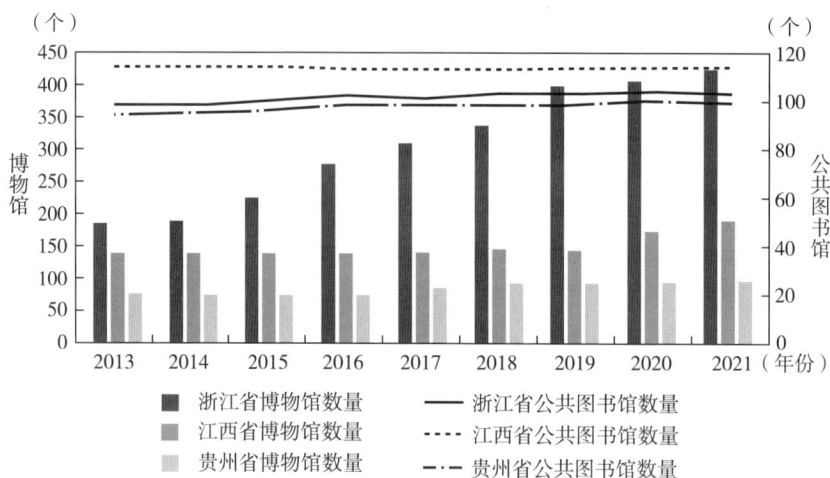

图 10-2　2013～2021 年浙江省、江西省和贵州省博物馆及公共图书馆数量变化趋势
资料来源：国家统计局。

从图 10-2 可以得出，从总体上看，浙江省、江西省和贵州省的机构总数都在逐年增加，就博物馆来说，位于东部地区的浙江省无论是在总数还是增长速度上都明显优于位于中部地区的江西省，位于中部地区的江西省也明显优于位于西部地区的贵州省。就公共图书馆来说，位于中部地区的江西省在数量上略多于位于东部地区的浙江省，但其在这些年间机构总数保持不变，浙江省则呈现缓慢上升的趋势，位于西部地区的贵州省也呈现缓慢上升的趋势，但其在机构总数上仍少于其他两省。这充分体现出我国地区之间公共服务依然存在着显著的差距，东部地区的公共服务明显优于中西部地区，中部地区的公共服务优于西部地区，这对实现公共数字文化均等化和精神生活共同富裕都产生了巨大的挑战。

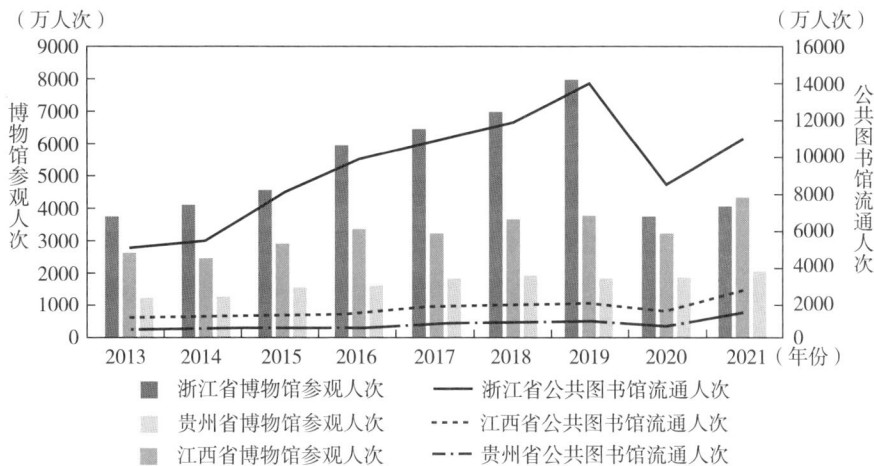

图 10-3 2013~2021 年浙江省、江西省和贵州省博物馆参观人次及公共图书馆流通人数变化趋势

资料来源：国家统计局。

从图 10-3 可以得出，无论是博物馆参观人数还是公共图书馆流通人数，浙江省都远远多于江西省和贵州省，浙江省参观人数和流通人数增长迅速，江西省参观人数和流通人数也在稳步增加，增长幅度较浙江省小，而贵州省虽有增长，但并不明显。这充分体现出浙江省参与公共文化的热情远远高于江西省和贵州省，江西省和贵州省人民对公共文化服务的认识不充分，这与公共文化服务体系不平衡、不充分，部分人思想观念中存在着保守、闭塞的成分有关，农村地区精神生活也表现出文化环境差、法治观念单薄、文化参与度低、文化建设形式单一等问题。

中西部省级图书馆已逐步采取措施推动文化数字化，尤其是在基层图书馆互联互通、数字文化设备采购和投放、数字资源利用与服务培训方面，均有一定作为。然而从整体上看，大部分项目或活动是在传统公共文化服务中增加数字化建设内容，占比不够，以数字化形式推动文化的理念尚未深入。此外，已有的数字文化项目尚未形成规模化、常态化、品牌化效应，仅一时的活动不能产生深入人心的影响和效果。我国中西部省级公共图书馆在数字文化工作中普遍以数字文化设备捐赠和文化资源供给为主，该方式虽为获取文化资源与服务提供了基本条件，但诸如"为何要用"、"如何使用"等问题并没有从根本上解决，往往导致设备利用率低，公众数字文化水平难以提升的结果。

（二）城乡间发展不平衡

公共文化的一个重要特征就是惠及全民。公共文化发展的不均衡，既体现在多元化精准供给不足，也反映在分人群精准供给不够，即便是在城市和发达地区，也还存在精品公共文化项目有待进一步培育的问题。归根结底，就是要打通公共文化服务的"最后一公里"，不仅要补齐短板，也要扶持重点；不仅要关注薄弱地区、弱势人群的基本文化权益，也要重视发达地区创先争优、引领发展的作用。

只有实现基本公共服务均等化，人民生活才能更加幸福美好；人民美好幸福生活少不了丰富多彩的精神文化需求，而公共文化服务实现均等化是保障广大人民群众基本文化权益的主要途径。实现公共服务均等化的难点和重点在于城乡之间、区域之间公共服务依然存在较大差距和发展不平衡的问题，需要提升落后地区的公共服务水平和效能。

浙江省在增强区域文旅公共服务的均衡性和可及性方面的做法值得借鉴，它把西南山区相对欠发达的 26 个县列为重点扶持对象，在设施建设、资源保障、项目安排、资金拨付、人才培训等多方面实行系统倾斜，并实施"山海联动"，推动经济较发达地区与相对欠发达地区结对帮扶，全省公共文化服务发展水平的均衡性得到显著提升。浙江省初步构建了精神富有测量指标体系，实现"精神富有"和"精神生活共同富裕"的可量化、可衡量、可评价，形成"找准短板—掌握需求—精准供给—考核评价"的工作闭环链条。为了顺应精神共同富裕要求，探索精准化供给路径，面向"农村群众"广泛开展"三送一走"惠民活动，推动文化资源有效下沉农村；面向"儿童群体"，利用"双减"契机提升全省近 2 万家文化艺术类培训机构的办学质量，实现文化艺术教育"从娃娃抓起"；面向"农民工群体"，探索推行"浙江文化保障卡"，让其享受同城文化待遇；面向

"残疾人群体",公共文化场馆配备无障碍设施,县级以上图书馆提供盲人借阅服务,延伸服务面。

浙江省在 2020 年就已在全面实现基本公共文化服务标准化的基础上,提标建设、提质增效,打造群众家门口的文化会客厅。实施包括之江文化中心在内的百亿文化设施建设工程,构建覆盖全省的"15 分钟品质文化生活圈",促进公共文化网络向基层延伸,建设乡村博物馆、城市书房、文化驿站等"小而美"的覆盖城乡的新型公共文化空间。在建设过程中,不断地强化公共文化服务政策、人才、管理、评估支撑体系,基于民生引领、品质共享的价值导向,定期监测并发布全省各市、县(区)发展指数,倒逼公共文化服务品质提升。浙江省委、省政府大力实施文化强省建设"八项工程",基本公共文化服务标准化、均等化建设工程位列其中。浙江省、市级公共图书馆、文化馆、博物馆、非物质文化遗产馆、剧院等已经基本配置齐全,农村文化礼堂逐步实现 500 人以上行政村全覆盖,全面建立面向城乡基层的公共文化服务供给体系,率先实现基本公共文化服务标准化,持续改善提升全省人民群众精神文化生活。

(三)公共数字文化服务带动精神生活共同富裕的成效不足

精神生活共同富裕事关群众的幸福感和获得感,影响着共同富裕的实现。精神生活共同富裕的提升主要体现在人民群众的文化获得感、满足感倍增上;国民素质和文明程度达到新高度;全党全国各族人民文化自信显著提升。其中国民素质与文化程度关乎全面建成社会主义现代化强国,是精神生活共同富裕的重要体现,精神生活共同富裕的实现必须以社会文明程度和国民素质的提升为基础。

社会文明程度和国民素质达到新高度意味着符合社会主义核心价值观的思想观念、价值理念在社会生活中得到广泛弘扬,意味着社会公德、职业道德、家庭美德、个人品德得到显著提升,意味着美好的道德意愿、道德情感,正确的道德判断和道德责任不断形成,全社会道德水平达到一个新的高度。然而,2013~2022 年,在我国公共数字文化服务不断发展的过程中,我国刑事罪犯总数还呈现上升趋势,这充分体现出国民素质和社会文明程度并没有得到根本改善，也侧面显示出公共数字文化服务带动精神生活共同富裕成效还有不足。

三、公共数字文化政策文本分析

公共政策文本分析的核心是设计一个清晰且易于操作的模型，利用概念转化的方法，间接反映政策制定过程中政策内部诸要素的性质与关系的理论体系。因此，需要对政策工具与政策文本进行结合分析，正确匹配政策手段与政策目标，推动公共数字文化服务政策通过政策工具影响到政策作用对象，构建起便于政策发挥作用的实施环境，以达到出台政策时预期达到的政策效果。政策工具可被简单理解为政府在制定或落实某项政策时为达成既定政策目标而采取的相关政策措施或手段。政策工具理论在分析政策文本内容时具有较强的可解释性，已成为公共政策研究的主流。为此，下面采取政策工具对 2013~2023 年有关公共数字文化政策文本进行分析。

（一）政策工具

参考沿用 Rothwell 和 Zegveld 的政策工具分类方式，结合公共数字文化服务自身特点、政策应用实际以及有关文献的参考，对三大政策工具类型及子类目内涵与范畴作以下定义：①供给型政策工具。通过平台建设、技术支撑、基础设施、人才培育、资金投入、资源整合等方式的供给与支持，积极引导公共数字文化服务的建设与发展。②环境型政策工具。通过目标规划、财政支持、标准规范、资源统筹、社会参与等方面，构建一个稳定且可持续的公共数字文化服务发展环境，间接助力公共数字文化服务的开展。③需求型政策工具。通过政府采购、宣传推广、反馈渠道、公共服务、个性化服务等方面更好地满足公众日益增长的精神文化需求，调动全体社会成员对公共数字文化服务的需求。具体分类及定义如表 10-1所示。

表 10-1　我国公共数字文化服务政策工具的具体内涵

类型	政策工具	具体内涵
供给型	平台建设	构建便捷、高效、资源丰富的公共数字文化服务平台
	技术支撑	推动新技术应用，为公共数字文化服务提供坚实的技术支撑
	基础设施	构建并完善开展公共数字文化服务所需的基础设施
	人才培育	教育培养公共数字文化服务的专业人才
	资金投入	政府为开展公共数字文化服务提供资金支持
	资源整合	对各级各类公共文化机构及社会机构的文化资源进行整合归纳
环境型	目标规划	政府对公共数字文化服务发展具体目标的制定
	财政支持	政府通过财政手段推动公共数字文化服务均衡发展
	标准规范	制定统一的公共数字文化服务标准规范
	资源统筹	政府整合优势力量推动公共数字文化服务供给
	社会参与	鼓励企业、社会组织、公民个人以多种方式参与公共数字文化服务
需求型	政府采购	通过政府采购、特许权招标等方式采购公共数字文化服务所需设备
	宣传推广	政府借助官方宣传机器普及公共数字文化知识，提供服务认可度
	反馈渠道	建立高效、畅通的反馈渠道，收集公众反馈意见
	公共服务	将公共数字文化服务归为社会公共服务的一类，提供长期、稳定服务
	个性化服务	通过提供个性化数字文化服务，提升公众满意度

（二）政策选取及文本分析

表 10-2 所选政策是由"北大法宝"、"北大法意"和国务院及各部委官方网站、各省级政府部门网站，以"公共数字文化服务"、"数字文化"、"数字文化服务"等关键词进行检索，结合新闻报道、文献资料进一步筛选所得。政策选取标准：①政策出台时间为 2013~2023 年。②国家层面的政策文本，以中央级政策为主。③政策以公共数字文化服务为主题，或有部分内容专门针对公共数字文化服务。④政策文本以法律、法规、政策、意见、办法等类型为主。最终筛选出 42 份符合以上标准的政策。

表 10-2　我国公共数字文化服务政策文本概况

序号	政策主题	颁布部门	出台年份
1	文化部关于印发《文化部"十二五"时期公共文化服务体系建设实施纲要》的通知	文化部	2013

续表

序号	政策主题	颁布部门	出台年份
2	文化部关于印发《全国公共图书馆事业发展"十二五"规划》的通知	文化部	2013
3	文化部关于印发《文化部信息化发展纲要》的通知	文化部	2013
4	新闻出版广电总局关于加强数字出版内容投送平台建设和管理的指导意见	新闻出版广电总局	2013
5	中共中央办公厅　国务院办公厅印发《关于创新机制扎实推进农村扶贫开发工作的意见》	中共中央办公厅、国务院办公厅	2014
6	关于贯彻落实《2014年文化系统体制改革工作要点》及其《分工实施方案》的通知	文化部	2014
7	中共中央办公厅　国务院办公厅印发《关于加快构建现代公共文化服务体系的意见》	中共中央办公厅、国务院办公厅	2015
8	国务院办公厅转发文化部等部门关于做好政府向社会力量购买公共文化服务工作意见的通知	国务院办公厅	2015
9	教育部　文化部关于加强新时期中小学图书馆建设与应用工作的意见	教育部、文化部	2015
10	国务院关于印发《促进大数据发展行动纲要》的通知	国务院	2015
11	国务院办公厅关于推进基层综合性文化服务中心建设的指导意见	国务院办公厅	2015
12	文化部关于落实推进基层综合性文化服务中心建设的实施办法	文化部	2015
13	"十三五"时期贫困地区公共文化服务体系建设规划纲要	国务院、发改委	2015
14	中共中央办公厅　国务院办公厅印发《关于加大脱贫攻坚力度支持革命老区开发建设的指导意见》	中共中央办公厅、国务院办公厅	2016
15	文化部关于印发《关于推进县级文化馆图书馆总分馆制建设的指导意见》的通知	文化部	2016
16	关于进一步做好为农民工文化服务工作的意见	国务院、文化部	2016
17	国务院办公厅关于加快推进广播电视村村通向户户通升级工作的通知	国务院办公厅	2016
18	国务院办公厅转发文化部等部门关于推动文化文物单位文化创意产品开发若干意见的通知	国务院办公厅、文化部	2016
19	中华人民共和国电影产业促进法	全国人大常委会	2016
20	中华人民共和国公共文化服务保障法	全国人大常委会	2016
21	中华人民共和国公共图书馆法	全国人大常委会	2017

续表

序号	政策主题	颁布部门	出台年份
22	中共中央办公厅　国务院办公厅印发《关于促进移动互联网健康有序发展的意见》	中共中央办公厅、国务院办公厅	2017
23	关于印发"十三五"推进基本公共服务均等化规划的通知	国务院	2017
24	中共中央办公厅　国务院办公厅印发《关于加强乡镇政府服务能力建设的意见》	中国中央办公厅、国务院办公厅	2017
25	文化部关于印发《文化部"十三五"时期文化产业发展规划》的通知	文化部	2017
26	文化部关于推动数字文化产业创新发展的指导意见	文化部	2017
27	文化部关于印发《文化部"十三五"时期文化科技创新规划》的通知	文化部	2017
28	"十三五"时期文化扶贫工作实施方案	文化部	2017
29	国务院办公厅关于印发兴边富民行动"十三五"规划通知	国务院办公厅	2017
30	国务院办公厅印发《关于加快推进广播电视村村通向户户通升级工作的通知》	国务院办公厅	2017
31	文化和旅游部　财政部关于在文化领域推广政府和社会资本合作模式的指导意见	文化和旅游部、财政部	2018
32	文化和旅游部办公厅关于印发《公共数字文化工程融合创新发展实施方案》的通知	文化和旅游部	2019
33	中共中央办公厅　国务院办公厅印发《数字乡村发展战略纲要》	中共中央办公厅、国务院办公厅	2019
34	文化和旅游部公共服务司关于印发《公共图书馆、文化馆（站）恢复开放工作指南》的通知	文化和旅游部	2020
35	文化和旅游部公共服务司关于印发《公共图书馆、文化馆（站）恢复开放疫情防控措施指南（第二版）》的通知	文化和旅游部	2020
36	国务院办公厅印发关于切实解决老年人运用智能技术困难实施方案的通知	国务院办公厅	2020
37	文化和旅游部公共服务司关于贯彻落实《国家基本公共服务标准（2021年版）》的通知	文化和旅游部	2021
38	中央宣传部　国家发展改革委　教育部　科技部民政部　财政部　人力资源社会保障部文化和旅游部　国家文物局印发《关于推进博物馆改革发展的指导意见》的通知	国家文物局	2021
39	文化和旅游部　国家发展改革委　财政部关于推动公共文化服务高质量发展的意见	文化和旅游部	2021

序号	政策主题	颁布部门	出台年份
40	文化和旅游部 中央文明办关于印发《2022年文化和旅游志愿服务工作方案》的通知	文化和旅游部	2022
41	文化和旅游部办公厅 教育部办公厅 国家文物局办公室关于利用文化和旅游资源、文物资源提升青少年精神素养的通知	文化和旅游部办公厅、教育部办公厅、国家文物局办公室	2022
42	文化和旅游部办公厅关于印发《关于持之以恒推动乡镇综合文化站创新发展的实施方案》的通知	文化和旅游部	2023

1. 政策出台部门分析

整理所收集的公共数字文化服务政策文本，统计政策颁布部门分布情况发现，共涉及10个部门。由表10-2可以看出，中共中央办公厅、国务院办公厅与文化和旅游部是出台公共数字文化服务政策的主要部门，这三个部门颁布或联合颁布的政策数量占所筛选政策总数的88.1%，充分体现出国家层面非常重视公共数字文化服务的发展，通过不断填补政策缺失助力公共数字文化服务的发展。而文化和旅游部作为统筹我国文化事业的主要负责部门，顺应时代的发展需要，大力推进公共文化服务数字化发展，积极出台一系列相关政策，完善了与公共数字文化服务相关的政策体系。仅仅依靠中央或文化部门的力量并不能完全推动公共数字文化服务的发展，还需要多个部门担负不同职责，密切合作。财政部、教育部等众多部门也以联合颁布的形式参与公共数字文化服务政策的制定之中，各司其职，共同为公共数字文化服务的发展注入力量。

2. 政策出台时间分析

对筛选的42份公共数字文化服务政策文本的发布时间进行统计，可以得到其分布状况（见图10-4）。统计政策出台时间分布能够直观展示我国公共数字文化服务政策发展脉络，帮助厘清公共数字文化服务政策发展历程。2013~2017年，我国涉及或针对公共数字文化服务的政策出台数量总体为上升趋势，特别是在2015~2017年，有关公共数字文化服务的政策数量快速增加，这3年间政策出台数量占样本总数的57.14%，尤其在

2017 年政策数量出现井喷式增长，达到了一个高峰值。主要是因为从"十三五"时期起，国家开始注重公共数字文化服务的建设与发展，推动我国公共文化服务迈向现代化、数字化、均等化的发展新阶段，推出了一系列配套政策措施，将公共数字文化服务政策出台数量推向最高峰。2018 年至今，政策出台数量有所下降，逐渐回到高峰期前的状态。

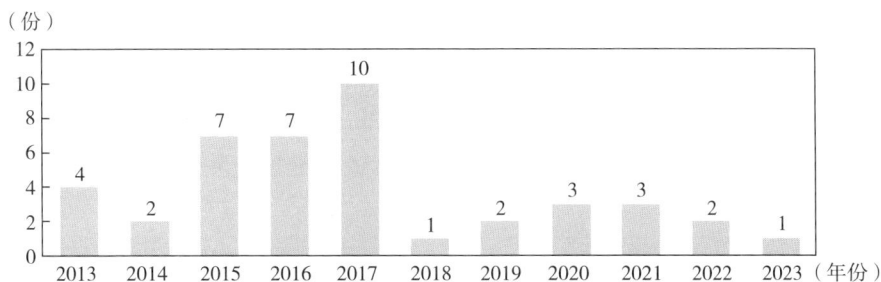

图 10-4　2013~2023 年我国公共数字文化服务政策样本分布

3. 政策工具分析

本书选择的分析工具为 Nvivo12，作为当前较为常用的质性分析工具，该软件可以有效地根据数据内容类型的不同进行全面分析，尤其适用于文本类数据研究。首先将整理出的 42 份政策文本导入 Nvivo12 软件，利用软件自带的"关键词搜寻"（Text Search）功能对所有政策文本中涉及"公共数字文化服务"的条款内容进行检索归纳，由手动检查并做修正整理，共获得参考点 176 个。最终整理形成表 10-3。

表 10-3　公共数字文化服务政策文本分布

政策工具		政策数量（份）	小计（份）	占比（％）
供给型	平台建设	17	81	46.02
	技术支撑	21		
	基础设施	15		
	人才培育	10		
	资金投入	7		
	资源整合	11		

续表

政策工具		政策数量（份）	小计（份）	占比（%）
环境型	目标规划	12	66	37.50
	财政支持	10		
	标准规范	10		
	资源统筹	14		
	社会参与	20		
需求型	政府采购	6	29	16.48
	宣传推广	3		
	反馈渠道	5		
	公共服务	11		
	个性化服务	4		
总计		176		100

由表10-3可以看出，基本政策工具共176条，包含涵盖3类16项的政策工具，但分布失衡明显。进一步查看三类政策工具的子类目，可以得出：

（1）供给型政策工具占据绝对优势，共81条，占比46.02%。由图10-5可知，其中各子类目中技术支撑占比最大（25.93%），其次为平台

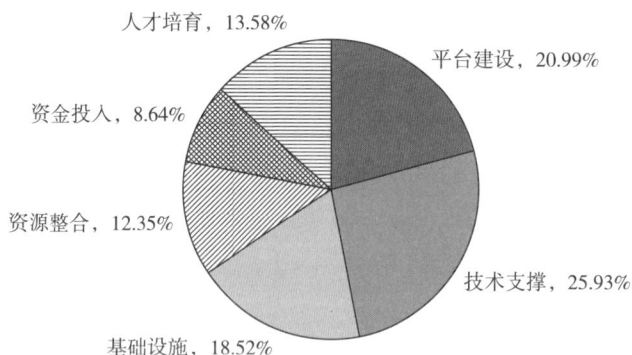

图10-5 供给型政策工具子类目占比

建设（20.99%）以及基础设施（18.52%）。这说明公共数字文化服务政策的制定有明显的偏向性及侧重点，重基础、重投入，符合公共数字文化服务当前阶段的发展要求。涉及人才培育（13.58%）和资金投入（8.64%）方面的政策数量占比较少，在供给型政策工具的组合中仍存在不均衡问题。

（2）发展公共数字文化服务离不开良好的政策环境，环境型政策工具相对缺乏，共66条，占比37.5%。由图10-6可知，其中社会参与占比最大（30.30%），其次为资源统筹（21.21%）和目标规划（18.18%），财政支持（15.15%）和标准规范（15.15%）占比较少。为进一步推动公共数字文化服务的发展，在政策制定方面应多考虑财政支持和标准规范的作用，为公共数字文化服务的实施提供足够财政支持以及统一的标准规范，更好地满足人民的精神文化需求。

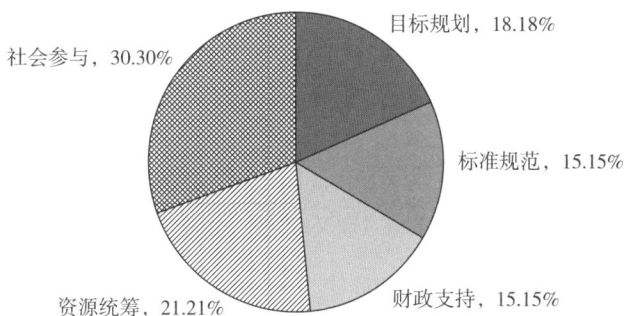

图10-6　环境型政策工具子类目占比

（3）需求型政策工具最为薄弱，共29条，占比16.48%。由图10-7可知，其中公共服务占比最大（37.93%），其次为政府采购（20.69%）和反馈渠道（17.24%），个性化服务（13.79%）和宣传推广（10.34%）占比较少，这充分体现出需求类政策工具内部各环节分布极不均衡，对公众需求的拉动作用较为忽视，导致公共数字文化服务发展需求拉动力不足，最终影响政策引导作用的发挥。

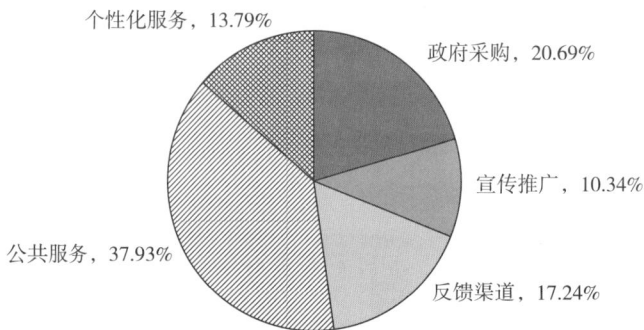

图 10-7　需求型政策工具子类目占比

综上，未来政策需持续优化供给型政策工具的组合结构，重视人才、资金对公共数字文化服务的积极推动作用；提高各类环境型政策工具的占比，增加对财政支持和标准规范的政策制定；扩大需求型政策工具使用，刺激公共数字文化需求，引导公民积极参与公共数字文化服务建设，从而促进精神生活共同富裕。

四、公共数字文化服务发展的借鉴

在共同富裕的新征程上，公共数字文化服务已经成为各个省份丰富公共文化形态、提升公共文化服务效能、融合物质富裕与精神富裕的重要抓手。通过对东部、中部、西部的典型省份考察分析，不同省份都立足本土公共文化发展实际，积极融入数字化、信息化、网络化技术，侧重适合本土的公共文化服务路径，大力发展公共数字文化服务促进精神生活共同富裕。

浙江省作为东部地区经济和文化发展的代表性省份，始终将数字化作为公共文化服务创新发展、精神生活共同富裕的坚实保障条件，充分发挥数字技术在传承、保护与创新发展中的作用，联动文化和旅游，形成公共文化、文化产业与旅游业高质量发展的共荣场景。早在"十二五"期间，已经将数字化技术广泛应用于各类文化资源的保存、再创造和传播，极大地丰富了公共文化的形态，扩展了人们的精神生活享受内容。先进发达的数字基础设施和信息通信技术推动浙江的公共数字文化服务更加便捷和多样化，同时广泛应用数字媒体加速各种文化活动、艺术表演、文化创作的广泛传播，同步推动了文化产业和旅游产业的繁荣。

江西省作为中部省份，经济基础与公共文化服务基础都相对偏弱，但在"十三五"期间也积极借助公共文化服务的数字化进程，致力于打造数字化平台，通过平台建设加快文化资源的传承和创新，弘扬地方特色文化。同时，借助数字化手段拓展了公共文化服务的教育、培训等资源，提高了人们的知识水平和创新能力。数字媒体的应用助力江西特色文化作品的推广，推动了当地特色作品的创造，保护了赣南采茶戏等富有特色的民间艺术文化，为带动本地人民精神生活富裕注入了文化活力。

贵州省作为西部地区的代表，公共文化服务的投入相对偏小，侧重发挥数字化在公共文化服务中的"四两拨千斤"作用，聚焦公共文化资源建设，在公共数字文化服务体系建设中有所为有所不为，建设了一批在全国都有影响力的数字化公共服务设施。将有限的财力投入省级公共文化中心建设，分阶段推进数字文化馆、智慧图书馆、数字文艺中心等公共文化服务节点打造，做好本土特色文化的传播，立足本土丰富群众精神生活、面向世界传播特色民族文化。有效利用数字化技术打造了西部地区跨越地理限制、与中国乃至世界共享民族文化的典范。同时，多个数字化平台的打造，不仅极大地提升了公共文化服务水平，还推动了本土文化创意产业的发展，在政策的助力下有效联动了旅游业发展，加快了乡村振兴进程。

第二节　公共数字文化服务促进精神生活共同富裕的浙江实践[①]

浙江省将公共文化服务作为精神生活共同富裕的关键变量，由浙江省

---

① 本案例素材来源于中华人民共和国文化和旅游部网站内容整理改编，https：//www.mct. gov.cn/whzx/qgwhxxlb/zj/202302/t20230217_939168.htm。

文化和旅游厅通过公共数字文化服务建设，通过公共文化发展促进精神富有，脚踏实地建设公共文化服务现代化先行省，让美好精神文化生活成为精神共富的重要手段。浙江省作为东部区域的城市，在公共文化服务建设方面有多个典型做法，尤其是高度重视文化发展与精神建设相结合，利用现代科技、文化手段创造精神财富，丰富公共文化供给，做好数字与文化的结合，创造反响极佳的文化产品。让浙江省人民切实触及公共文化、享受文化产品的精神营养，利用数字化的便利性提升参与文化、创造文化的过程，从而提升了当地居民的文化自信，展现了精神生活共同富裕的美好样式。

一、浙江的主要做法

（一）创新精准化公共文化供给

一是探索精神富有指标体系。为了推动公共文化服务助力精神生活共同富裕，浙江省初步探索了精神富有测量指标体系，围绕"精神富有"和"精神生活共同富裕"可量化、可评价目标，构建了"找准短板—掌握需求—精准供给—考核评价"工作闭环链条，面向不同群体，尤其是农村居民、进城务工农民工、残疾人等群体推行分人群精准公共文化供给。二是以数字化改革推动公共文化服务的一键触达。在前期公共数字文化服务资源建设基础上开展了整合工作，开展公共文化服务现代治理改革，治理端以"平台+大脑"为支撑，按照横向、跨领域和跨业务分别打通 16 个部门、5 个领域和 8 项业务，纵向实现省市县乡镇村五级贯通，探索"多跨协同"公共数字文化服务模式提升效率。服务端以群众需求为导向，打造看书、观展、演出、艺培等七大惠民场景，建设"浙里文化圈"应用，打造 24 小时不打烊的线上文化空间，上线 2 个月注册用户数超过百万。三是培育精品公共文化项目。调动广大浙江人民的创作热情，创作有力量、有温度的群众文艺精品，所创造的作品连续三届获"群星奖"。将有影响力的公共文化品牌与乡村文化需求结合，学习春晚模式创新"村晚"、"农家书屋"品牌，催生在全国有影响力的乡村公共文化现象。实施"文艺星火赋美"工程，推动高雅艺术走出剧场，以常态化街头展演赋美城市气质，提升城市素养。

（二）建设品质化公共文化空间

一是打造"重要窗口"文化地标。实施百亿文化设施建设工程，加快建设大运河国家文化公园、之江文化中心。全面推进市级层面"五馆一院一厅"、县级层面"四馆一院"、区级层面"三馆"建设，通过提升一级文化馆率先建设品质化的公共文化空间。二是打造覆盖全省的"15分钟品质文化生活圈"。充分挖掘公共资源潜力，15分钟文化圈纳入省政府民生实事，让群众走出家门步行15分钟即可享受高品质公共文化服务。三是拓展新型公共文化空间。创新建设乡村博物馆、城市书房、文化驿站等覆盖城乡的新型公共文化空间，促进城乡均衡一体。实施"文化润景"计划，推动全省百家博物馆、美术馆创建A级景区，将全省11531个A级景区村、128个旅游驿站全部建成公共文化新阵地，中国丝绸博物馆特展长期入驻杭州大厦，创新国有博物馆的展示空间，与城市商业空间有机结合，拓宽了展示范围。

（三）构建立体化发展支撑体系

一是构建省市县区全覆盖的公共数字文化服务体系。依托浙江省文化和旅游厅的有关部署，市县区积极推动数字文化系统建设，以"数字文化"擦亮精神共富新底色。二是创新专业运营体系。实施乡村文旅运营"五百计划"，推广乡村社区"文化管家"等模式，以专业化运营模式发挥基层文化设施作用，推进基层文化设施提质增效。三是建立评估管理体系。在全国率先实施省域公共文化服务现代化发展指数评估，定期监测并发布各市、县（市、区）发展指数，以"红、橙、黄、蓝、绿"五色进行分级管理，围绕民生与品质提升促进公共文化服务品质提升。

二、政策举措

（一）强化政策支撑体系

推动公共文化服务纳入省部联合印发的《关于高质量打造新时代文化

高地推进共同富裕示范区建设行动方案（2021—2025年）》，打造新时代文化高地，丰富人民精神文化生活，构建以人为核心的高质量公共文化服务现代化体系作为纲领性文件，颁布实施《浙江省公共文化服务保障条例》，出台《关于高质量建设公共文化服务现代化先行省的实施意见》。在《浙江省文化厅印发关于推进文化浙江建设的实施方案》，将基础公共文化服务提升工程与文化发展攀登工程作为文化浙江建设的引领性工程加以打造，旨在融合文化产业与保障精神生活的公共文化服务工程，建设文化支撑的共同富裕先行省。

（二）出台丰富文化产品供给的政策

为了丰富文化产品，《浙江省文化和旅游厅关于促进旅游演艺发展的实施意见》将旅游演艺作为文化和旅游融合发展的重要载体，还制定了《浙江省旅游演艺集聚区认定办法（试行）》，开展浙江省旅游演艺精品项目认定工作，丰富演艺形态，多出思想性、艺术性高的文化精品，鼓励自主知识产权的精品开发，支持旅游品牌建设，满足人民对美好生活的向往。《中国（浙江）自由贸易试验区文化和旅游改革发展工作方案》将社会主义现代化文化先行省与共同富裕示范区有机结合，将文化建设与共同富裕目标同向同行，不断丰富文化产品，满足人民共同富裕的精神文化需求。

（三）重视政策对文化事业的引领作用

一是制定《浙江省旅游业发展"十四五"规划》，将全国文化和旅游融合示范样板基地打造作为一个目标，引领文化和旅游融合发展；并突出数字化引领改革创新，明确优化现代旅游公共服务，凸显了旅游事业对公共文化服务的支撑作用。二是跨部门出台《关于进一步加强非物质文化遗产保护工作的实施意见》，围绕全国有影响力的"非遗强省"目标，将非物质文化遗产保护列为共同富裕示范区的重要标志和重要组成，通过非物质文化遗产的当代价值彰显以及数字化改革驱动本地精神共富建设。三是按照公共服务文化类型制定第十四个五年规划，如在《中华人民共和国非物质遗产法》《浙江省非物质文化遗产保护条例》《文化和旅游部"十四五"时期非物质文化遗产保护规划》《浙江省国民经济和社会发展第十四个五年规划和二〇三五年远景目标纲要》的基础上编制了《浙江省非物质文化遗产保护发展"十四五"规划》，明确融合与创新发展非物质文化遗产的非物质文化遗产保护发展举措，同时还出台了文物博物馆事业发展"十四五"专项规划。

三、典型成效

（一）精神富裕建设有效推进

一是基础建设成效明显，城区建设"百姓百艺"工作坊，在中小学设立 1000 个艺术普及点，全省全民艺术普及率达 74.4%。二是推动公共文化服务优质共享，打造 15 分钟幸福生活圈，谋划 788 个风貌样板区试点，2022 年试点 212 个，2023 年试点 199 个。三是数字赋能优质公共服务共享，布局 300 个共同富裕现代化基本单元"一老一小"场景建设；四是建设"浙江有礼"省域文明实践品牌。

（二）公共文化服务基层设施建设有成效

一是整合了 7.7 万个公共文化设施，构建了 8288 个文化圈。二是全省建成 1.9 万个农村文化礼堂，500 人以上的行政村全覆盖。

（三）公共文化新阵地建设有成效

"文化润景"计划的实施及全省百家博物馆、美术馆创建 A 级景区，将全省 11531 个 A 级景区村、128 个旅游驿站全部打造为公共文化新阵地。

（四）文化人才培育成效彰显

通过多年的努力，培育文化示范户 5000 户、乡村文化能人 2 万人，全省文化志愿者 280 万人，以专业化人才促服务效能提升。

四、案例点评

（一）文化产业保障公共文化服务无缝隙推进

浙江省高度重视文化的地位与作用，不遗余力地大力发展文化产业，在推进公共数字文化服务方面进行了一系列实践，同时通过创新和精准化的公共文化供给，推动了人民精神生活的共同富裕。

（二）重视量化管理将虚做实

浙江省构建了精神富有指标体系，将精神富有和精神生活共同富裕量化评价，并形成了闭环链条，实现了分人群精准公共文化供给。通过数字化改革，整合了全省公共文化资源，建立了多跨协同的服务网络，满足了不同场景下的文化需求，创建了 24 小时不打烊的线上文化空间，取得了显著的用户注册成效。利用新思路建立了立体化发展支撑体系，通过政策支持、专业运营和评估管理等举措，推动公共文化服务的现代化发展，提升了公共文化服务的品质。

（三）充分利用数字技术推进服务成效

浙江省在推进公共数字文化服务方面充分发挥了数字技术的优势，为居民提供了更丰富多样的文化体验和知识获取途径，从而通过公共文化服务促进了精神生活的共同富裕。

（四）破解部分文化发展难题提升获得感

部分公共数字文化服务项目设计的初衷很好，但实践过程中由于供给与需求的匹配偏差，导致实施效果不好。浙江在推进相关项目的过程中，重视群众的反馈，及时整改。例如，"新安堂前燕"活动的初衷是基层解决理论宣讲不落地、宣传形式不丰富、宣传评价不准确等问题设计的线上应用场景，但开展一段时间后，发现理论宣讲与群众生产生活结合度不够、回应解决群众思想困惑和现实诉求贴合度不高、宣讲人才发掘培育使用系统性不强、宣讲工作场景缺少闭环管理等问题，主管部门围绕"谁来讲、讲什么、哪里讲、讲得如何等"关键环节，开展了讲师队伍管理、需求采集、宣讲统筹、评价反馈 4 个节点管理，精准分析跨部门协同场景数据，找准理论与群众交互的共鸣点，切实以群众需求为导向统筹设计宣讲内容。

第三节　公共数字文化服务促进精神生活共同富裕的江西实践①

江西省始终将文化事业和文化产业两手抓，不断推出更多人民精神力量的优秀作品，培育造就大批德艺双馨的艺术家和文化文艺人才创作队伍，实施文化惠民工程，完善公共文化服务体系。以高度的文化自觉和文风自信，立足江西故事、推进文艺精品，精准靶向人民精神需求，繁荣文化事业，推进文化资源再创造。

一、江西的主要做法

江西是经济相对落后的省份，资金投入主要来自中央和省级财政，为了提升全省公共文化服务效果，党的十八大以来不断加大全省公共文化和旅游基础设施投入，专项资金从 2012 年的 14.89 亿元增加到 2021 年的 25.7 亿元，增长了 1.7 倍。经过 10 年的建设，江西的公共文化服务体系基本建成，文化产品和活动更加丰富，服务方式更加现代，公共文化服务高质量发展再上台阶，人民的文化获得感更强、幸福指数不断增加，精神生活的富裕程度不断上升。

（一）立足基本公共服务均等化打造公共服务标准体系

省级公共服务设施弯道超车，江西高规格建设省文化中心，投入 30 亿元新建了省图书馆新馆、省博物馆新馆、省科技馆新馆，建成后的省图书馆、省博物馆、省科技馆场馆面积分别位列全国第三、第五和第六，在省会构建了覆盖全面的公共文化服务基层设施，并引入智能化设备，做到

---

① 本案例素材来源于江西省人民政府网站内容整理改编，https：//www.jiangxi.gov.cn/art/ 2021/8/11/art_16457_3536558.html？xxgkhide＝1。

数字化服务全覆盖。市县两级公共服务设施提质增效，"十三五"期间新建或改扩建了 33 个文化馆、41 个公共图书馆、22 个美术馆和 28 个国有博物馆（纪念馆），新建改扩建面积达 106 万平方米。全省共建有 114 家文化馆、113 家公共图书馆、136 家国有博物馆和 45 家国有美术馆，基本实现市有文化馆、图书馆、博物馆、美术馆，县有文化馆、图书馆、博物馆。基层公共文化服务全覆盖，符合标准的村（社区）综合性文化服务中心覆盖率达 98%。

（二）注重历史传承保护保障精神营养剂

江西省有丰富的传统文化资源，在完善公共文化设施的基础上，重点加快了博物馆的建设，建设了革命类、陶瓷类、名人类、生态类以及教育类专题博物馆，开展了县市两级重要博物馆的数字化智慧化建设，将博物馆打造成历史文化传承保护的重要阵地；融合图书阅读、艺术展览、文化沙龙、轻食餐饮等服务，打造一批新型公共文化服务空间，植入数字技术、智能化设施，系统提升了各类文化场馆的数字化、网络化与智能化水平，形成了省市县互联互通、历史文化资源共享的全省公共文化数字化服务体系；依托该体系，对本土开发的文化产品进行展示演播，既丰富了公共文化产品，也提供了本土优秀传统文化对外交流和展示机会，提升了江西本土历史文化的传播力和影响力。以本土优秀历史文化作为精神营养剂不断补充，让人民在公共文化服务的形式中提升精神富裕层次。

（三）重视文化与旅游结合推动公共文化服务功能融合

江西省自然景观、人文景观与历史资源景观都非常丰富，已经初步形成"江西风景独好"的旅游品牌。在"十四五"期间，更加重视文化和旅游融合推动公共文化服务功能提升，通过以文塑旅、以旅彰文，以"文化+"或"+文化"的方式开发新的旅游场景，由此推进公共文化服务和旅游服务功能有机融合，条件成熟的公共文化场馆创建等级旅游景区，甚至将公共文化服务场馆纳入旅游线路，打造了一批"公共文化场馆+旅游服务"示范单位；开展公共文化服务进景区活动，创建文旅结合消费模式，建设特色文化休闲集市，开发了研学旅游、展演旅游等文化旅游新业态；大力推动国家文化旅游数字化战略，推进数字文化产业与智慧旅游结合，将人工智能、大数据、云计算、物联网、区块链等新一代信息技术广泛应用于文化和旅游产业，在文旅产业发展中推动公共文化服务功能的延伸与提升。

（四）以惠民活动提升精神获得水平

随着居民生活水平的提升，从观看到参与的行为转变成为居民自觉提升精神生活水平的重要行动。为此，江西省文化和旅游厅高度重视惠民活动的打造，通过江西艺术节、"书香赣鄱"、"百馆千万场　服务来共享"等公益性演出和艺术普及活动的打造，开展广场舞展演、"文化进万家"等公益性演出和艺术普及活动。

（五）推动文化创作队伍建设丰富产品创作

江西省始终重视本土素材的文化创造，在人才匮乏的情况下，委托中央文化和旅游管理干部学院与中国戏曲学院为江西培养高端文化工作者150名。自2018年以来，为了提升创造水平，江西对全省70余个国有艺术团以及部分民营演出院团的舞台艺术从业人员开展了分批轮休，送出400余人参加中宣部、文化和旅游部组织的戏曲艺术人才项目评审，推动了地方创作队伍的高水平建设。尤其是入选国家公共文化服务体系示范区创建城市的赣州、新余、九江和萍乡，自主创建了多个高水平的国家公共文化服务示范项目，省歌舞剧院创排的歌剧《回家》、赣南采茶歌舞剧团创排的赣南采茶戏《永远的歌谣》先后入选中宣部精神文明建设"五个一工程"奖。话剧《遥远的乡土》、赣剧《邯郸记》入选国家舞台艺术精品工程。戏曲与舞蹈展演水平大幅提升，丰富了江西人民的自主创造舞台节目，提升了本土文化的享受效果。

在江西，通过公共数字文化服务体系的建设，大力提升了公共文化服务的影响力和保护力，尤其是赣剧编演能力，赣南采茶戏再创造能力的提升对于保护地方历史文化，传承和传播优秀本土文化起到了重要的平台支撑作用。借助数字化技术和平台，丰富了文化资源，传承了各类公共文化，尤其是让丰富多元的公共文化资源得以充分贡献与传承，进而推动了创意产业的发展，带动了旅游业的升级，提升了人民的文化体验和精神追求，为江西的文化繁荣和精神生活提升注入了新活力。

二、政策举措

（一）江西的现代公共文化服务政策体系更加完善

江西省的公共文化政策总体来看以执行国家的文件政策为主要抓手，自主出台政策数量远不及浙江等省份。但针对江西公共数字文化服务发展实际，先后出台《关于推进博物馆改革发展的指导意见》《江西省非物质文化遗产条例》《关于进一步加强非物质文化遗产保护工作的实施意见》《关于加强城市书房建设的实施意见》等地方性专项规定；为进一步推进全省文化和旅游公共服务高质量跨越式发展，贯彻落实《江西省国民经济和社会发展第十四个五年规划和二〇三五年远景目标纲要》、文化和旅游部《"十四五"文化和旅游发展规划》《"十四五"公共文化服务体系建设规划》，依据《江西省公共文化服务保障条例》《江西省"十四五"文化和旅游发展规划》，编制了《江西省"十四五"文化和旅游公共服务规划》《江西省"十四五"文化和旅游规划汇编》等政策文件；文化和旅游厅会同省发展改革委、省财政厅制定了《江西省公共文化服务高质量发展行动计划（2023—2025年）》，启动省级文化馆改扩建项目，深化县级公共图书馆、文化馆总分馆建设。

（二）重视文艺创作出台专项政策推进体制机制改革

《关于深化国有文艺院团改革的实施意见》《江西省"十四五"艺术创作规划》《江西省关于进一步加强文艺评论工作的实施方案》《"十四五"时期濒危剧种保护扶持方案》等文件，确保本土传统优秀文化被保护和传承。

（三）以红色基因传承助力公共文化资源建设

贯彻《江西省革命文物保护条例》，开展革命文物保护利用示范县创建，创新革命文物保护管理机制。贯彻落实《中共江西省委关于深入推进红色基因传承的意见》，持续夯实革命文物工作基础，加强革命文物资源调查征集，公布了 2 批革命文物名录，推进革命文物资源管理平台（大数据库）填报、红色基因库建设，出版《江西革命遗址遗迹图文集》。推进实施《江西省新时代文博人才队伍建设三年行动计划（2021—2023）》，制定江西省贯彻落实《关于让文物活起来、扩大中华文化国际影响力的实施意见》举措。

（四）以数字化解决公共文化服务发展不平衡不充分问题

出台《中共江西省委关于繁荣发展社会主义文艺的实施意见》，着力以文化事业推动文化强省建设，借力数字化、信息化，深层次促进江西公共文化资源整合，提升公共文化资源利用效率。按照"1＋8＋N"构架"文化云"，搭建"云上江西"大数据服务和产业生态体系，整合各类公共文化服务，可以获取、浏览、观赏、预约、选择、培训、分享、参与相关文化板块推出的各类活动，提升公共文化服务的便捷性、多元性与及时性，为满足不同人群的公共文化服务需求，提升精神获得与体验提供了数字化平台。

三、典型成效

（一）建成公共数字文化服务设施体系

投资 30 亿元建成省文化中心，基本实现市市有图书馆、文化馆、博物馆、美术馆"四馆"，县县有图书馆、文化馆，乡镇（街道）综合文化站、村（社区）综合性文化服务中心覆盖率达 100%。

（二）文化惠民卓有成效

完善了文化产品创作生产机制，推出一批优秀文艺作品，《一个人的长征》荣获中宣部"五个一工程"奖，《好心缘》荣获全国"群星奖"。创新开展"百馆千万场 服务来共享"系列群众文化活动，常态开展全民阅读、艺术普及、戏曲进乡村等活动，群众文化活动服务人次从 2012 年的 736.6 万增长至 2021 年的 3082 万，广大群众文化获得感明显增强。

（三）队伍建设成效显著

目前从事文化和文物行业的从业人员突破了 2 万人，其中从事公共文化服务工作的人员约 1.2 万人。"十三五"期间,省图书馆、文化馆举办培训 60 次,参训人员超过 6000 人次,接近 50% 的公共文化服务从业者都得到了培训。同时,充分挖掘民间艺术爱好者,做到研究与表演的有机结合,开展了多种形式的创作。例如,省文化和旅游研究院实施了"弋阳腔传统曲牌抢救性录音"项目,精选收录了 200 首弋阳腔传统曲牌,被文化和旅游部评为"2021 年度文化和旅游研究院所优秀科研实践案例",以数字化推动了公共文化创作的繁荣。

四、案例点评

(一)提升公共文化服务数字化水平

加强公共数字文化资源建设,推动文化机构将文化资源数据的采集、加工、挖掘与数据服务纳入日常工作,省图书馆建有数字资源库 36 个,总容量达到 88T。二是提升公共文化场所的数字内容供给能力。大力发展线上与线下一体化的数字化文化产品,如省美术馆建立了线上展厅,开展数字化 3D 实景展览,提供了线上云观展平台;省博物馆建设了可移动文物普查数据资源服务平台,整合了全省所有的博物馆、藏品和展览等文物大数据资源,形成了"省域文物资源地图",开展 Web 端、手机端和微信端三种线上服务渠道,极大地改善了人民的美术馆、博物馆资源可及性。

(二)打造数字化文化消费场景

建成"云游江西"宣传推广和旅游服务平台,将江西境内 7000 余家景区、酒店、餐饮、影院纳入该平台,设置了 1200 余种景区门票/套票,为 386 家景区开通了预约功能,很好地满足了游客对"吃、住、行、游、购、娱"等旅游需求的期待,通过触摸、定制和互动的智慧网络技术,提升了文化旅游消费的便利性。同时借力新媒体促进了网络消费,如举办"百县百日"文化旅游消费季系列活动,开展直播带货,尤其是江西非遗购物节非遗集市线上直播活动促进了文化的网络传播,丰富了消费场景,对公共文化的传播加大了力度和提升了效率。

（三）构建文化数字化治理体系

一是"一部手机游江西"项目基本建设完成。全省202家 AAAA 级以上旅游景区闸机客流和视频监控数据已全部接入江西省智慧旅游大数据中心和监管平台，平台手机端授权用户近2000人，初步形成省、市、县、景区四级联动智慧监管机制。二是夯实了文物保护数字化基础。启动第一到第七批全国重点文物保护单位两线范围数字化工作，通过数字化加强全国重点文物保护单位的保护管理；建立了庐山国家公园遗产地（文化遗产）监测预警系统，运用大数据、云计算等技术，构建遗产监测清单和数字档案，形成庐山世界文化遗产预防性保护体系。三是建设了江西省文物安全监管平台。江西省文化和旅游厅启动了全省文物安全监管平台建设，逐步建立了覆盖全省的世界文化遗产地、全国重点文物保护单位、省级文物保护单位和国家等级博物馆，包括文物安防、消防、防雷、违规建设、巡检五大功能的安全监测预警网络。该平台与24处国保单位和国家等级博物馆的数据对接，确保了数据的全国共享。

（四）不断提升从业人员素质

江西不断培养公共文化服务从业人员，"十三五"时期末文化和文物行业从业人员2万人中，60%人员从事公共文化服务。同时，重视各类人才的培训，从业人员培训比例高达30%。

第四节　公共数字文化服务促进精神生活
共同富裕的贵州实践[①]

贵州省始终坚持公共文化服务的数字化、网络化与智能化，建设文化

---

① 本案例素材来源于中华人民共和国文化和旅游部网站内容整理改编，https：//www.mct. gov.cn/preview/whzx/qgwhxxlb/gz/202307/t20230719_946053.htm。

云平台，全力提升服务效能、拓宽服务范围，通过文化馆、图书馆、档案馆、博物馆等公共服务平台的数字化建设，不断推进数字文化服务高质量发展，通过增强公共文化获得的便利性、公益性与均等性丰富群众的精神文化生活，保障人民群众的基本文化权益，更好地满足人民美好生活需要。

一、贵州的主要做法

（一）建设智慧图书馆供给优质数字文化资源

贵州省图书馆建设了全国唯一在全省范围免费开放的公益性数字型图书馆，以数字化、网络化、智慧化技术手段实现了传统图书馆向智慧图书馆的转变，搭建了"电子平台+服务号"的全媒体服务模式，电子平台包括移动图书馆、电视图书馆和盲人图书馆等数字化平台，服务号包括微信公众号、订阅号、视频号、微信小程序、心理微波官方号、抖音短视频官方服务号等，辅以机器人导览、VR虚拟阅读站、智能书法台等智慧服务，提供了方便、快捷且无障碍的数字阅读服务。同时，建设了多元的电子资源，包括电子图书、电子期刊等阅读资源，学术视频、听书和微课等视听资源，通过数字资源的供给能力和服务能力提升实现了优质公共数字文化服务"飞入百姓家"，丰富了当地群众的精神文化生活。

（二）重视文化馆的枢纽作用发挥

为破解公共文化服务城乡质量效率差异、规模不足以及发展不平衡的矛盾，将省文化馆建设为"枢纽中心馆"，打造多层级的公共文化数字服务平台，让市州县文化馆和乡镇文化中心都能同步为群众提供内容丰富、优质高效的文化作品。同时在数字文化馆开设赶大集专区，入驻320家供应方、274家需求方，开设文创店铺13个，加载本地文创产品102种，通过公共文化云建设，将"互联网+"与公共文化服务深度融合，用现代信息技术汇集群众文化资源，提供全民艺术普及服务，通过智能便捷的公共文化服务设施提升公共文化服务的可及性。省文化馆积极开启线上服务功能，通过贵州数字文化馆平台与微信公众号实时开展预告、预约服务，通过动手指就可以体验版画、公益美术课、相声演出等活动的预约；还利用短视频平台广泛传播各类艺术活动，在不同的空间都能接收艺术展览导赏，观看文化传承纪录片，甚至参与全民阅读推广活动。

（三）数智化加速艺术共享

贵州省文联数字艺术中心上线了"一码游览文艺圈"，采用大数据和AI智能等数字技术推动公众更好地触及艺术服务，只需扫码就可以欣赏不同画家、书法家的作品，甚至摄影、舞蹈、音乐、影视等作品，还可与其他参展者开展观后交流，实现了360度全景式漫游参观，消除了时空限制，实现了与艺术作品随时"面对面"的欣赏便利，极大地满足了贵州人民对艺术熏陶的需求，提升了人民群众的艺术素养，多层次地满足了人民的精神文化需求。

二、政策措施

（一）用好非物质文化遗产不断丰富公共文化资源

根据《中共中央办公厅、国务院办公厅印发〈关于进一步加强非物质文化遗产保护工作的意见〉的通知》，贵州省文化和旅游厅、省人力资源社会保障厅、省乡村振兴局联合发布《关于持续推动非遗工坊建设助力乡村振兴的通知》，鼓励各地推进非遗工坊建设。为了加强非物质文化遗产的整体性保护，根据《中华人民共和国非物质文化遗产法》《贵州省非物质文化遗产保护条例》和《国家级文化生态保护区管理办法》等法律法规和规章，制定了《贵州省省级文化生态保护区管理暂行办法》。为了丰富旅游业态，扩展公共文化服务的传播渠道、扩大受众范围，增强非遗文化的可持续发展能力，加速非遗体验、研学等综合性旅游服务活动与现代生活的高度融合，出台了《贵州省非遗旅游体验空间认定与管理办法（试行）》。

（二）重视旅游和文化产业融合推进公共文化数字条件建设

高规格出台《贵州省"十四五"文化和旅游发展规划》引领文化基础设施建设，改善公共文化服务条件。鼓励贵州境内旅游消费，制定《"多彩贵州·度假康养胜地"2020年度假旅游优惠政策》；为促进文化旅游对消费的促进作用，2020年9月，贵州省文化和旅游厅印发了《贵州省文化和旅游厅关于文化旅游业综合引领消费十条措施》的通知。

（三）形成公共文化服务政策体系

为保障人民群众基本公共文化基本权益，传承优秀传统文化，增强文化自信，出台《贵州省公共文化服务保障条例》；为提升公共文化服务水平，出台《贵州省第六次县级以上公共图书馆评估定级工作方案》；根据《关于建设多彩贵州民族特色文化强省的实施意见》，在改革开放40周年之际，按照政府主导、社会协同、公众参与、资源整合的原则打造了人民的节日盛典，印发《2018多彩贵州文化艺术节总体方案》突出了多彩贵州富有民族特色的公共文化资源建设。

三、主要成效

（一）实现了文化融合向城乡融合的转化

省文化馆将舞蹈健身活动搬上云端，在微信公众号上推出"云"端舞蹈健身课，开发各种简便易学、科学有效的健身视频，为群众提供居家或就地锻炼指导。开设覆盖各年龄阶段的文化慕课，面向各种群体提供针对性、多样化的内容，督促群众保持积极的身心状态。坚持"闭馆不闭网，服务不打烊"，依托国家公共文化资源并发挥自身文化特色，丰富公共数字文化资源建设。建设涵盖地方特色文化、文旅融合、乡村振兴等题材的数字资源库，通过制作涉及蜡染工艺教学、侗族大歌等内容的才艺培训课程，传承民族传统工艺；录制"多彩激情广场桃源铜仁"省优秀广场舞展演等文娱活动视频，向热爱广场舞的居民提供各种学习和娱乐内容。构建线上线下融合互动、立体覆盖的文化服务供给体系，开设泥哨、苗绣、蜡画等六个观摩体验点预约服务，确保线下参观互动机会，也可以点击进入"省文化馆"直播间，实现在线观展，同步参与礼品抽奖、"点单"创作等活动。通过线上线下发挥公共文化服务的倍增效应，让群众享受到更高品质、更加丰富的精神文化生活。

（二）宣传效果凸显

利用文化馆的创作功能，因地制宜制作推送公共文化服务进景区活动短视频，宣传贵州山水之灵和文化之美。发挥多彩贵州文化云的传播功能，开辟"红色故事会"直播功能，开发贵州境内的红军长征故事；多渠道运用数字平台，打通宣传的"最后一公里"，创造现象级传播，通过全网免费转播开放分发，将黔东南州台江县的"村BA"赛事创造了3天30亿人次的转播奇效，推动了文化传播和旅游产业的实时融合。总之，贵州在公共文化传播方面高度重视整合网络资源、运用新媒体技术创新传播方式，以人民群众更加容易接受的方式传播公共文化信息，放大文化宣传作用。丰富的文化内容供给、宽阔的文化服务载体、多元的数字技术、新颖的文化传播形式形成了立体的宣传体系，改善了便利性与可及性，提升了人民对美好精神文化生活的满意度，通过群众的文化成长促进城市的精神生长。

（三）人民的公共文化获得感明显提升

数字图书馆累计访问量已经超过2亿人次，年均访问量超过1800万人次，日均访问量高达5万人次，访问人次在全国公共图书馆中位于前列，表明数字资源的较高使用率以及群众的触及率。乡村"5+N"工程的实施，让文化场所、广播电视、农家书屋等实现文化信息资源共享，让广大人民群众的公共文化获得感和安全感更加充实、更有保障，幸福感更强。

四、案例点评

（一）坚持特色发展

贵州省始终将多民族特色作为公共数字文化服务开展的着力点，通过图书馆、文化馆、艺术馆等多元化的公共文化服务载体建设，丰富了公共文化服务资源，同时彰显了不同民族的优秀传统文化特色，制作了以不同民族特色为基础的公共文化资源。

（二）坚持数字基建优化

贵州省经济基础相对薄弱，但始终将农村光纤宽带、移动互联网、数字电视网和下一代互联网作为优先建设内容，推动了传统基础设施数字化升级改造，将现代科技与美丽乡村建设有机结合，推动民族村寨、传统村落和历史文化名村名镇的共同发展。

（三）坚持公共文化数字化服务

通过数字新基建的乡村塑性建设，为乡村治理注入了灵魂，尤其是"公共文化服务与村镇互联网+政务服务"的结合，提升了公共文化的覆盖率，推动更多优质公共文化资源和服务下沉乡村，共同推进乡村振兴，带动物资富裕与精神生活富裕同频同向。在乡村振兴战略的实施中，充分利用数字化技术，建设了生机盎然的数字乡村，数字赋能农业农村现代化，加快了共同富裕的步伐。

（四）繁荣乡村网络文化提升精神信仰

在优秀传统文化的传承中，贵州省公共文化发展中心大力弘扬社会主义核心价值观，在文化建设中更好地结合自治、德治、法治，通过公共文化优秀作品的线上传播推进移风易俗，以文化建设推进乡村治理，借助优秀文化资源的再创作留住了美丽安逸的浓浓乡愁，特色文化的打造有效带动了旅游业发展，推动了农村地区的物质和精神双富有。

第五节　本章小结

公共数字文化服务是新时代推进精神生活共同富裕的重要途径，在不同的省份有不同的做法。文化差异、经济基础以及发展结构相异的省份在发展公共数字文化服务的过程中，要立足本地优秀传统文化以及特色文化的基础，用好数字化技术，建设智慧公共文化服务设施。通过东部、中部和西部地区有代表性的省份在发挥公共数字文化服务在精神共同富裕进程中的作用分析，揭示了数字化技术在推动丰富多彩的地方文化资源共享和传承的不同路径，带动群众精神生活实现共同富裕。同时，也要看到公共数字文化服务设施建设在乡村振兴中的作用不容小觑，尤其是带动农村历史文化保护，促进文化与旅游的有机结合中推动区域均衡发展，通过文化享受提升群众文化素养，促进精神生活共同富裕。

第十一章
全书总结与展望

第一节　全书总结

习近平新时代中国特色社会主义思想赋予了共同富裕的新内涵，将马克思主义共同富裕理论时代化、中国化发展，将共同富裕拓展为物质富裕与精神富裕并进，不仅仅是少数人的精神富裕，而是要实现全体人民精神生活共同富裕的美好愿景。在这一时代背景下，本书立足中国共产党第一个百年奋斗目标的实现，探讨共同富裕作为第二个百年奋斗目标的核心追求，在实现物质富裕的基础上如何发挥公共文化服务的精神生存功能助力精神富裕。

公共文化服务的实现有助于促进精神生活的共同富裕，让人们享受到文化的乐趣，提升个人素质，加强社会联系，推动社会的全面进步。公共数字文化服务作为公共文化服务在新时代背景下的新路径，有了数字化的通路就极大地催生了新的化学反应，通过数字平台和技术拓展其影响力，在线"图档博"、数字演展、文化网站等线上渠道将海量的文化资源跨越时空传递到更多人手中、满足更多人的消费期待。

公共数字文化服务是国家提供文化服务的一种手段，是实现精神生活共同富裕的重要路径。通过政府和社会共同提供文化资源、活动和设施，让广大人民群众能够充分享受优质的精神文化生活，不论社会地位、经济水平、地域等差异，无论其社会背景确保每个人都能平等地获得文化资源和参与文化活动的机会，有利于消除社会不平等对文化享受的限制。各级政府提供多样的文化资源，包括数字图书馆、数字博物馆、数字艺术展览、数字音乐演出、数字戏剧等。让人们在不同领域中发现新的文化知识、产生新的兴趣，拓宽视野，丰富个人精神世界。数字技术的引入促使人们更好地理解和欣赏艺术、历史、传统等，提升精神文化素养。文化是创意和创新的源泉，公共数字文化服务鼓励人们参与创作和表达，激发个人的创造力，同时为文化创意产业的发展提供土壤。数字平台的应用为人们提供了社交和交流的机会，促进社会联系和凝聚力的增强，共同参与文化活动有助于个体建立共同的价值观和认同感。公共数字文化服务的广泛性对偏远地区的精神文明建设、区域均衡发展，有着积极的桥梁作用，有利于缩小城乡、地区之间的文化差距，实现全社会的共同富裕。

本书结合马斯洛需求理论对公共文化服务的内涵分解为文化获得、文化享受、文化参与、文化发展、文化创造 5 个路径，精神生活富裕由低到高的拆解为精神获得、精神体验、精神信仰 3 个层次，按照文化权利的参与权、分享权、享有权、传承权和发展权 5 个层次与公共文化服务的 5 个阶段关联开展了公共数字文化服务促进精神生活共同富裕的路径分析。应用新公共服务理论指导了公共数字文化服务的内在体系构建，包含实现打通公共文化产品广泛整合、提供文化服务满足公众需求、加快文化开放扩大群众效应、注重文化保护促进传承发展、多元协同催生文化交叉融合 5 个层次，对应了文化权利理论倡导的 5 个权利。由此，以文化权利论为联结，与精神生活共同富裕以及公共数字文化服务内涵高度契合，通过文化获得、文化享受、文化参与、文化发展和文化创造有效联结了精神生活共同富裕的精神获得、精神体验和精神信仰。最后利用 5 个公共数字文化服务的实际案例来印证了该概念模型，回应了党和国家正在为更进一步实现全民精神生活共同富裕而做出的努力。

第二节　政策建议

新时代加强公共数字文化服务建设，以推进精神生活的共同富裕，是当今中国文化事业发展的紧迫任务。本书探讨了公共数字文化服务实现精神生活共同富裕的具体路径，结合政策实践分析了公共数字文化服务提升精神生活的案例，对促进公共数字文化服务的学术研究和政策制定提供了理论依据。为促进公共数字文化服务建设，提升广大公众的精神富裕探讨了实践路径。

第一，建设数字文化资源是加强公共数字文化服务的核心。各地政府要主动投入资金并积极引导社会资金，建立数字化文化资源库，包括数字图书馆、数字档案馆、数字博物馆、数字艺术馆等，以满足不同群体不同文化层次群众的文化需求。数字资源库应当免费或按照低收费标准向公众开放，同时要建设高质量、多样化的数字文化资源，包括数字化古籍、文学作品、音乐、电影等。此外，数字文化资源的质量和多样性需要动态管理，以保持其时效性。

第二，公共数字化平台的建设是提供数字文化服务的重要途径。政府和相关机构应支持在线文化平台的建设，为大众提供数字化图书、音乐、电影、艺术品的在线借阅和观赏功能。平台建设不仅要提供使用功能，还要提供方便的文化体验功能，必要时提供文化交流和互动功能，以鼓励大众分享自己的文化创作，从而推动文化创新和多样性发展。

第三，提高大众的数字文化素养是实现共同富裕的重要环节。在教育体系中应当加强数字文化教育，培养大众对数字文化的理解和欣赏能力。学校和教育机构应该将数字文化纳入课程体系，教授数字文化的基本知识和技能。同时，文化部门可以举办数字文化活动和展览，鼓励公众积极参与文化活动，提高数字文化素养，必要时制定相关政策，鼓励数字文化资源的数字化保存和传播。同时要加强文化创造的知识产权保护政策出台，以平衡知识产权保护和公众合法使用的权益，确保数字文化资源的可持续发展。

第四，发展数字文化产业满足个性化的文化消费需求。公共数字文化产品的供给是有限的，而个性化的文化消费需求是不断增长的。政府要通过财政引导和税收激励，鼓励数字文化产业的发展，吸引更多的投资和创新，加速基于公共数字文化产品的文化产业发展，提供更多更有价值的个性化文创产品，供有能力有需求的消费者付费使用，带动公共数字文化服务的高级化。

第五，加大国际文化交流丰富公众文化体验。公共数字文化服务有助于扩大中华文化影响力、传播力和辐射力，地方政府要挖掘当地特色文化，加强国际文化交流，推广中国优秀文化，同时吸纳国际文化的精华，丰富公众的文化体验。此外，政府还可以借助数字文化资源的国际交流与共享，增进全球文化的多元性。

总之，加强公共数字文化服务建设，推进精神生活的共同富裕，需要综合考虑数字文化资源的建设、公共数字化平台的发展、公众数字文化素养的提高、政策支持、数字文化的普及和国际文化交流等多个方面。通过学术研究为政策制定提供理论依据，更好地引导和推动数字文化服务的发展，为新时代的共同富裕做出积极贡献。

第三节　研究展望

随着数字技术的迅速发展，公共数字文化服务将在实现精神生活共同富裕方面发挥更大的作用。未来将数字技术应用于公共文化服务，可以实现更加个性化的体验。现实社会中，利用虚拟现实（VR）和增强现实（AR）技术为人们带来了全新的文化体验。未来的公共数字文化服务可以利用人工智能和大数据分析，根据用户的兴趣和喜好推荐适合的文化内容和活动，从而提升用户的满意度。后续研究可以探讨如何将这些技术应用于公共数字文化服务，创造更加沉浸式和互动性强的文化活动和展示方式。同时，还可以研究在实现数字技术打破地域的公共文化服务限制后，不同地区的文化资源如何得到更广泛的传播，通过数字化平台促进不同地区的文化资源合作和共享，让区域之间的文化互补变得更有意义。

尽管公共数字文化服务在促进精神生活共同富裕方面具有诸多优势，但也存在部分不足。我国疆域辽阔，偏远地区和较为落后的地区仍然存在数字鸿沟，部分地区的人群无法享受到公共数字文化服务带来的好处。在数字化过程中涉及大量用户数据和个人信息，不够完善的数据保护和隐私政策可能引发用户的担忧，影响公共数字文化服务的信任度和使用率。数字平台有效的内容筛选机制和内容真实性的验证机制也还缺乏，可能导致用户受到虚假信息的影响，导致公共数字文化服务的可用性和稳定性受到影响。综上，公共数字文化服务在实现精神生活共同富裕方面有着巨大潜力，但也需要克服一些技术和社会问题，以确保所有人都能从中受益。

参考文献

［1］夏杰长，刘培林，王娴等．多措并举扎实推动共同富裕［J］．农村金融研究，2021，（12）：3-7.

［2］毕照卿．新时代共同富裕的科学内涵［J］．湘潮，2022，（10）：4-8.

［3］张占斌，毕照卿．中国共产党对共同富裕的百年探索：深刻把握与历史贡献［J］．经济社会体制比较，2022，（02）：1-8.

［4］赖德胜，石丹淅．扎实推动共同富裕［J］．中国高校社会科学，2021，（02）：23-31+157.

［5］王芳，李毅．金恪方案：助力华东共同富裕［J］．环境与生活，2021，（11）：14-21.

［6］付文军．中国特色社会主义共同富裕论纲［J］．社会科学辑刊，2021，（06）：159-167.

［7］张旭．论中国式现代化道路的理论逻辑［J］．当代经济研究，2022，（08）：5-15.

［8］禚明亮．国外学者共同富裕研究的总体状况、主要观点及重要启示［J］．观察与思考，2022，（12）：64-73.

［9］William C. Kirby, Noah B. Truwit, Common Prosperity? China Shifts Left［D］. Harvard Business School Background Note 322-069, 2022.

［10］毕昌萍，陈莹莹．推进精神生活共同富裕的现实问题及实践路径［J］．浙江理工大学学报（社会科学版），2023，50（04）：396-403.

［11］陈慰，巫志南．从促进人民精神生活共同富裕看公共文化深层次问题［J］.图书与情报，2022，（02）：94-103.

［12］蒋永穆，谢强．扎实推动共同富裕：逻辑理路与实现路径［J］.经济纵横，2021，（04）：15-24+2. DOI：10. 16528/j. cnki. 22-1054/f. 2021 04015.

［13］林淑周．中国共产党健全社会保障推动共同富裕的百年实践［J］.黑龙江人力资源和社会保障，2021，（11）：3-5.

［14］刘晋祎．新发展阶段共同富裕的历史逻辑、结构特征与实践路向［J］.改革与战略，2021，37（10）：40－48. DOI：10. 16331/j. cnki. issn10 02-736x. 2021. 10. 005.

［15］王慧莹，田芝健．以精神生活共同富裕为价值导向的公共文化治理研究［J］.社会主义研究，2022，（04）：107-114.

［16］燕连福．习近平关于精神生活共同富裕重要论述的生成逻辑、核心要义和实践路径［J］.思想战线，2022，48（05）：1-10.

［17］柏路，包崇庆．精神生活共同富裕的文化之维［J］.思想理论教育，2022，（12）：33-40. DOI：10. 16075/j. cnki. cn31-1220/g4. 2022. 12. 002.

［18］傅才武，高为．精神生活共同富裕的基本内涵与指标体系［J］.山东大学学报（哲学社会科学版），2022，（03）：11-24. DOI：10. 19836/j. cnki. 37-1100/c. 2022. 03. 002.

［19］张驰．促进精神生活共同富裕的背景、实质与战略路径［J/OL］.中南民族大学学报（人文社会科学版），2023：1－10［2024－01－07］ht-tps：//doi. org/10. 19898/j. cnki. 42-1704/C. 20230428. 01.

［20］李茹佳．精神生活共同富裕的内蕴、意义与推进［J］.学校党建与思想教育，2022，（10）：1-5. DOI：10. 19865/j. cnki. xxdj. 2022. 10. 001.

［21］刘东超．精神生活共同富裕是共同富裕的重要内容［J］.党建，2022，（02）：35-37.

［22］项久雨，马亚军．人民精神生活共同富裕的时代内涵、层次结构与实现进路［J］.思想理论教育，2022，（06）：11－16. DOI：10. 16075/j.

cnki. cn31-1220/g4. 2022. 06. 018.

［23］项久雨．人类精神文明新形态论要［J］．学校党建与思想教育，2022，（19）：1-6. DOI：10.19865/j. cnki. xxdj. 2022. 19. 001.

［24］曹爱军．新农村参与式公共文化服务的制度基础——基于农民参与视角的探讨［J］．重庆工商大学学报（社会科学版），2010，27（05）：113-116.

［25］毛少莹．从公共文化政策看文化管理类学科的构成［J］．上海文化，2014，（12）：97-104.

［26］陈坚良．论公共文化服务体系构建的特征［J］．世纪桥，2007，（11）：59-60. DOI：10.16654/j. cnki. cn23-1464/d. 2007. 11. 049.

［27］李楠楠．中西方禁忌文化差异及其造成的跨文化交际失误［D］．黑龙江大学，2012.

［28］王鹤云．我国公共文化服务政策研究［D］．中国艺术研究院，2014.

［29］夏国锋，吴理财．公共文化服务体系建设的发展历程、基本逻辑与经验启示——深圳样本的表达［J］．理论与改革，2012，（03）：115-119. DOI：10.13553/j. cnki. llygg. 2012. 03. 002.

［30］关思思，刘晓东．我国公共文化机构社会化发展的主要形式及特点［J］．图书馆建设，2020，（04）：23-29. DOI：10.19764/j. cnki. tsgjs. 20193006.

［31］彭雷霆，张璐．公共文化服务高质量发展评价研究［J］．宏观质量研究，2023，11（02）：90-101. DOI：10.13948/j. cnki. hgzlyj. 2023. 02. 007.

［32］陈世香，周维．公共文化服务项目制何以取得预期成效？——基于扎根理论和定性比较分析的研究［J］．行政论坛，2023，30（02）：67-77. DOI：10.16637/j. cnki. 23-1360/d. 2023. 02. 003.

［33］王秀伟．公共文化服务研究热点与前沿的知识图谱分析——基于CSSCI（2002—2021）数据［J］．山东社会科学，2022，（10）：75-84. DOI：10.14112/j. cnki. 37-1053/c. 2022. 10. 011.

［34］李少惠，赵军义．公共文化服务研究的热点主题与演化路径分析［J］．图书与情报，2017，（04）：122-129+71.

［35］胡税根，宋先龙．我国西部地区基本公共文化服务均等化问题研究［J］．天津行政学院学报，2011，13（01）：62-67.

［36］陈世香，吴世坤．新时代中国公共文化服务研究：既有格局与未来方向［J］．图书馆，2020，（08）：1-10.

［37］圣章红．中国公共文化服务体系的现代性解读与建设路径［J］．湖北大学学报（哲学社会科学版），2016，43（04）：137-142.DOI：10.13793/j.cnki.42-1020/c.2016.04.022.

［38］范逢春．建国以来基本公共服务均等化政策的回顾与反思：基于文本分析的视角［J］．上海行政学院学报，2016，17（01）：46-57.

［39］吴理财．城市底层文化景观治理［J］．云南行政学院学报，2017，19（01）：4.DOI：10.16273/j.cnki.53-1134/d.2017.01.001.

［40］李少惠，王婷．我国公共文化服务政策的演进脉络与结构特征——基于139份政策文本的实证分析［J］．山东大学学报（哲学社会科学版），2019，（02）：57-67.

［41］祁述裕，曹伟．文化产业发展专项资金政策：绩效评估、理论探讨及对策建议［J］．行政管理改革，2018，（11）：63-68.DOI：10.14150/j.cnki.1674-7453.2018.11.010.

［42］曹树金，刘慧云，王雨．我国公共文化服务政策演进（2009-2018）［J］．图书馆论坛，2019，39（09）：39-47.

［43］吕芳．公共服务政策制定过程中的主体间互动机制——以公共文化服务政策为例［J］．政治学研究，2019，（03）：108-120+128.

［44］方标军，吴政，祁刚．公共数字文化服务体系的组织建设研究［J］．新世纪图书馆，2013，（11）：3-5.DOI：10.16810/j.cnki.1672-514x.2013.11.002.

［45］李国新．"十二五"时期公共图书馆事业的发展机遇［J］．图书馆建设，2011，（10）：2-6+11.

［46］完颜邓邓．基本公共数字文化服务均等化研究［D］．武汉大学，2017．

［47］王锰．公共数字文化服务的协同治理机制研究［D］．南京大学，2017．

［48］［1］潘颖，郑建明．近十年乡村公共数字文化服务研究进展与展望［J］．图书情报知识，2023，40（03）：38－51．DOI：10.13366/j.dik.2023.03.038．

［49］Andersen. Behavioral model of families use of health services［R］. Chicago：Center for Health Administration Studies，Univer sity of Chicago，1968．

［50］王前，吴理财．公共文化服务可及性评价研究：经验借鉴与框架建构［J］．上海行政学院学报，2015，16（03）：53-59．

［51］戴艳清，胡逸夫．公共数字文化服务可及性要素研究［J］．图书情报工作，2022，66（16）：57-68．DOI：10.13266/j.issn.0252-3116.2022.16.006．

［52］徐孝娟，赵宇翔，朱庆华．社交网站用户流失行为理论基础及影响因素探究［J］．图书情报工作，2016，60（04）：134－141．DOI：10.13266/j.issn.0252-3116.2016.04.018．

［53］Keaveney S M，Parthasarathy M. Customer switching be havior in online services：An exploratory study of the role of select ed attitudinal，behavioral，and demographic factors［J］. Academy of Marketing Science Journal，2001，29（04）：374-389．

［54］Salo M，Makkonen M. Why do users switch mobile applications？ Trialing behavior as a predecessor of switching behavior［J］. Communications of the Association for Information Systems，2018，42（01）：386-407．

［55］陈渝，黄亮峰．理性选择理论视角下的电子书阅读客户端用户流失行为研究［J］．图书馆论坛，2019，（09）：118-126．

［56］王锰，华钰文，陈雅．S-O-R理论视角下东部地区乡村公共数字文化服务用户流失行为研究［J］．图书馆杂志，2022，41（02）：36-46．

DOI：10. 13663/j. cnki. lj. 2022. 02. 003.

［57］刘乃蓬，张伟. 档案管理模式下网络信息资源长期保存的研究［J］. 中国档案，2012，（09）：66-68.

［58］Institute of Museum and Library. Charting the landscape，mapping new paths museums，libraries，and K-12learning［M］. Washington，DC：Institute of Museum and Library Services，2005：6-8.

［59］肖希明，张芳源. 国外公共数字文化资源合作保存模式研究［J］. 信息资源管理学报，2014，4（02）：37-44+57. DOI：10. 13365/j. jirm. 2014. 02. 037.

［60］完颜邓邓，童雨萱. 供需匹配视角下国外公共数字文化资源整合平台服务方式调查分析［J］. 图书馆建设，2022，（05）：124-131. DOI：10. 19764/j. cnki. tsgjs. 20211674.

［61］吴丹，张书田. 融合创新视角下我国公共数字文化政策回溯、解读与展望［J］. 图书与情报，2021，（01）：45-52.

［62］朱益平，金悦，樊丽珍. 我国公共数字文化服务政策主题变迁与文本量化研究［J/OL］. 图书馆建设，2022：1-25［2024-01-07］http：// kns. cnki. net/kcms/detail/23. 1331. G2. 20221226. 1635. 002. html.

［63］张志平，李伟刚. 我国公共文化服务数字化建设的现实困境与突破路径［J］. 科技资讯，2022，20（01）：207-210. DOI：10. 16661/j. cnki. 1672-3791. 2111-5042-1031.

［64］韦楠华，吴高. 公共数字文化资源供给的问题、障碍及运行机制［J］. 图书与情报，2018，（04）：130-140.

［65］程华. 信息时代图书馆数字资源的整合［J］. 科技资讯，2021，19（03）：180-182. DOI：10. 16661/j. cnki. 1672-3791. 2009-5042-8513.

［66］完颜邓邓，卞婧婧. 政府购买公共数字文化服务的实践与思考［J］. 图书馆学研究，2020，（24）：37-42+50. DOI：10. 15941/j. cnki. issn 1001-0424. 2020. 24. 006.

［67］黄巧婧．公共数字文化建设中图书馆创新服务探讨［J］．科技资讯，2021，19（25）：155－156＋159．DOI：10.16661/j.cnki.1672－3791.2109-5042-6768.

［68］贾淑品．全球化背景下中国式文化现代化的挑战与破围［J］．理论学刊，2022，（06）：28－36．DOI：10.14110/j.cnki.cn－37－1059/d.2022.06.001.

［69］陈慰，巫志南．推动公共文化数字化建设的基本路径研究［J］．图书与情报，2021，（01）：38-44.

［70］肖希明，完颜邓邓．以数字化促进基本公共文化服务均等化的实践研究［J］．图书馆工作与研究，2016，（08）：5-10．DOI：10.16384/j.cnki.lwas.2016.08.001.

［71］金太军，张桂岳，焦忠祝．论精神共同富裕的意义及实现途径——兼论物质共同富裕与精神共同富裕的辩证关系［J］．唯实，1998，（03）：18-20.

［72］汪青松．内涵·价值·构建：精神富裕三维之解［J］．学术论坛，2011，34（11）：55-59．DOI：10.16524/j.45-1002.2011.11.025.

［73］魏泳安．精神生活共同富裕：刻度、短板及实现路径［J］．探索，2022，（05）：177-188．DOI：10.16501/j.cnki.50-1019/d.2022.05.008.

［74］肖希明，曾粤亮．新公共服务理论与公共数字文化服务资源整合［J］．图书馆建设，2015，（08）：38-43.

［75］万鄂湘，毛俊响．文化权利内涵刍议［J］．法学杂志，2009，30（08）：7-10．DOI：10.16092/j.cnki.1001-618x.2009.08.001.

［76］蒋永福．文化权利、公共文化服务体系与公共图书馆事业［J］．国家图书馆学刊，2007，（04）：16-20.

［77］朱国萍，杨学锋．《公共文化服务保障法》中政府对公民文化权利之责任研究［J］．图书馆研究，2022，52（03）：20-25.

［78］艾德等．经济、社会和文化的权利［M］．黄列译，北京：中国社会科学出版社，2003：10.

［79］Donders Y, The protection of cultural rights in Europe: None fo the EU's business? ［J］. Masstricht Journal of European and Comparative Law, 2003, 10（02）: 117-147.

［80］江国华. 文化权利及其法律保护 ［J］. 中州学刊, 2013（07）.

［81］傅才武, 蔡武进. 文化权利论 ［J］. 中国文化产业评论, 2015, 21 （01）: 32-42.

［82］范玉刚. 人民精神生活共同富裕: 中国文明型崛起的价值支撑 ［J］. 国家治理, 2021, （45）: 15-18. DOI: 10. 16619/j. cnki. cn10-1264/d. 2021. 45. 002.

［83］秦国文. 改革要致力于提高群众获得感 ［J］. 新湘评论, 2016, （01）: 12-13.

［84］蒋永穆, 张晓磊. 共享发展与全面建成小康社会 ［J］. 思想理论教育导刊, 2016, （03）: 74-78. DOI: 10. 16580/j. sxlljydk. 2016. 03. 015.

［85］丁元竹. 让居民拥有获得感必须打通最后一公里——新时期社区治理创新的实践路径 ［J］. 国家治理, 2016, （02）: 18-23. DOI: 10. 16619/ j. cnki. cn10-1264/d. 2016. 02. 004.

［86］赵玉华, 王梅苏. "让人民群众有更多获得感": 全面深化改革的试金石 ［J］. 中共山西省委党校学报, 2016, 39（03）: 15-17. DOI: 10. 13964/j. cnki. zgsxswdx. 2016. 03. 004.

［87］林怀艺, 张鑫伟. 论共享 ［J］. 东南学术, 2016, （04）: 14-21. DOI: 10. 13658/j. cnki. sar. 2016. 04. 003.

［88］周海涛, 张墨涵, 罗炜. 我国民办高校学生获得感的调查与分析 ［J］. 高等教育研究, 2016, 37（09）: 54-59.

［89］张航. 浅析 "让人民群众有更多的获得感" ［J］. 渤海大学学报（哲学社会科学版）, 2016, 38（02）: 34-36. DOI: 10. 13831/j. cnki. issn. 1672-8254. 2016. 02. 009.

［90］张品. "获得感" 的理论内涵及当代价值 ［J］. 河南理工大学学报（社会科学版）, 2016, 17（04）: 402-407. DOI: 10. 16698/j. hpu（social. sciences）. 1673-9779. 2016. 04. 002.

　　［91］陶文昭.“获得感”是执政为民的标尺［J］. 理论导报，2016，（04）：21-23.

　　［92］吕小康. 医患“获得感悖论”及其破局——兼论作为社会心理学议题的医患关系研究［J］. 南京师范大学学报（社会科学版），2019，（01）：76-86.

　　［93］张玮玲，崔娜. 公共文化服务理论与实务［M］. 银川：宁夏人民出版社，2014：11.

　　［94］张海柱. 公益性与“公路免费”：公共政策合理性的话语建构［J］. 理论月刊，2013，（05）：154-158. DOI：10. 14180/j. cnki. 1004-0544. 2013. 05. 002.

　　［95］李玉涛. 政策的经济合理性与公众可接受性：中国收费公路的综合反思［J］. 中国软科学，2011，（03）：56-64.

　　［96］布坎南. 财产与自由［M］. 韩旭译. 北京：中国社会科学出版社，2002.

　　［97］邓大松，徐芳. 自利性与公益性：公立医院改革的困境与突破——基于相关文献的内容分析［J］. 江汉论坛，2012，（09）：64-70.

　　［98］高岚，汤安英，范光基等. 公共数字文化服务公众需求影响因素研究——基于福建省高校的调查［J］. 农业图书情报学报，2023，35（03）：90-103. DOI：10. 13998/j. cnki. issn1002-1248. 22-0604.

　　［99］王斌，蔡宏波. 数字内容产业的内涵、界定及其国际比较［J］. 财贸经济，2010，（02）：110-116+137. DOI：10. 19795/j. cnki. cn11-1166/f. 2010. 02. 017.

　　［100］韦景竹，陈虹吕，唐川等. 公共数字文化服务需求调查［J］. 图书馆论坛，2015，35（11）：41-46.

　　［101］汝萌，李岱. 我国公共数字文化服务使用情况调查研究［J］. 图书馆建设，2017，（02）：84-89.

　　［102］Evans A M，Campos A. Open goverment initiatives：Challenges of citizen part icipation [J]. Journal of Policey Analysis and Mangement，2023，32（01）：172-203.

[103] 约翰．麦克里兰．西方政治思想史 [M]．彭淮栋译．海口：海南出版社，2003：708.

[104] 法默尔．公共行政的语言：官僚制、现代性和后现代性 [M]．吴琼译．北京：中国人民大学出版社，2005：351.

[105] 庄祺．习近平关于新的文化使命重要论述的价值意蕴 [J]．理论研究，2023，（05）：66-73. DOI：10. 15876/j. cnki. llyj. 2023. 05. 010.

[106] 祝贺，巩茹敏，徐菲．马克思主义基本原理同中华优秀传统文化相结合生成发展逻辑 [J]．黑河学院学报，2023，14（10）：21-24+28.

[107] 约翰·哈特利，贾森·波茨．文化科学：故事、亚部落与革新的自然历史 [M]．何道宽译．北京：商务印书馆，2017：80+159+163+221.

[108] 任珺．身份认同与文化建设路径探讨：以文化政策理论为视角 [J]．文化艺术研究，2020，13（03）：1-9.

[109] 庞帅．图档博融合发展提供公共数字文化服务的依据、问题及对策 [J]．图书馆，2023，（07）：17-23+36.

[110] 陈胜利．公共数字文化资源建设的宏大实践——全国文化信息资源共享工程资源建设的现状与发展 [J]．图书馆杂志，2015，34（11）：4-12. DOI：10. 13663/j. cnki. lj. 2015. 11. 001.

[111] 沈舒悦，曾粤亮．我国公共数字文化服务政策文本量化研究 [J]．图书馆论坛，2023，43（11）：50-58.

[112] 曾粤亮，韩世曦，梅潇．我国中西部省级公共图书馆数字文化精准扶贫实践现状、问题与策略研究 [J]．图书馆学研究，2021，（13）：7-17. DOI：10. 15941/j. cnki. issn1001-0424. 2021. 13. 002.

后　记

　　文化的力量是无穷的。高等教育的文化传承功能不只是育人需要，更是传承民族精神、提升精神生活的需要，这让公共文化及其服务研究成为高等教育育人的一个重要方向，为研究生教育提供了一个重要的研究领域。结合 2020 年度江西省艺术科学规划重点项目选题"公共文化服务高质量发展的政策研究"（YG20200011），确定了这个研究主题，希望从数字化视角探讨公共文化服务对精神生活共同富裕的影响理论和政策实践，为破解新时代高质量的精神生活共同富裕路径提供基于公共文化服务政策视角的路径借鉴。同时，本书是南昌市营商环境研究中心在 2024 年的第一个研究成果，值得记录。

　　文化保持私域性，其对大众精神生活的影响是捉襟见肘的，只有将其融入公共服务体系，其基础性、广泛性、思想性作用才能淋漓尽致地发挥。在中国共产党第一个百年奋斗目标实现之际，物质生活基本满足，但人民对美好生活的向往提出了更高标准、更快速度、更广范围的公共文化服务发展要求，使得公共文化服务的数字化发展成为必然路径。

　　当文化以图书资料、历史遗迹、音乐艺术等公共方式流传时，其基本性、公益性、均等性、便利性等公共属性与文化权利的主要内核高度一致，在保障文化获得权、享受权、参与权的同时，提供了发展权和创造权的基础。这为解决物质共同富裕后进一步提升精神生活共同富裕、保障大众的公共文化权利提供了路径依据。在数字化背景下，公共文化服务在文化产品整合、服务提供、内容开放、保护传承以及交叉融合方面能够更好地契合精神获得、精神体验与精神信仰，整体提升精神生活共同富裕成效。以习近平新时代中国特色社会主义理论、新公共服务理论与马斯洛需求层次理论为指导，从文化视角深刻探析精神生活共同富裕的文化获得、文化享受、文化参与、文化发展、文化创造实现路径，为构建公共数字文化服务视角的精神生活共同富裕政策提供了坚实的理论指导。

基于以上逻辑，本书构建了文化权利论驱动公共数字文化服务实现精神生活共同富裕概念模型，分别从公共数字文化服务整合资源助力文化获得、公共数字文化服务供给推动文化享受、开放公共数字文化服务扩大文化参与、公共数字文化服务传承加速文化发展、公共数字文化服务交叉融合催生文化创造五个方面探讨了公共数字文化服务提升精神生活共同富裕的路径与政策实践，为研判我国公共数字文化服务助力精神生活共同富裕的现实镜像贡献了一点力量。

本书的完成可谓艰辛。因前期积累不够，短期内需要补充大量的公共数字文化服务知识与理论，并带领研究生一道完成研究，我们开展了大量的研讨、调研与分析，不断优化分析框架，原本计划于2023年10月完成的任务延迟到2024年1月。但这个过程带给我们的收获巨大：一是跨领域研究拓宽了视野，并把已有的研究方法应用到新领域，带来新收获。二是带领学生更加深刻地理解了"道阻且长，行则将至；行而不辍，未来可期"，部分研究生的基础薄弱不可怕，怕的是畏难情绪重。通过参与专著的撰写，极大地培养了学生的耐心。可谓是研究生培养过程的一个新经历。

10月，浓烈的桂花飘香，专著没有完成，香味中充满遗憾。今天，专著画上句号，校园弥漫着蜡梅花香，淡淡的，若有若无，让冬日的阳光增加了厚度。原来，寒冬里的收获是温暖的，有期待的。

仅以本书献给2024，献给更好的我们！